TRANSLATED
Translated Language Learning

Siddhartha
Сиддхартха

An Indian Poem
Индийская поэма

Hermann Hesse
Герман Гессе

English / Русский

Copyright © 2024 Tranzlaty
All rights reserved
Published by Tranzlaty
Siddhartha – Eine Indische Dichtung
ISBN: 978-1-83566-696-8
Original text by Hermann Hesse
First published in German in 1922
www.tranzlaty.com

The Son of the Brahman
Сын Брахмана

In the shade of the house
В тени дома
in the sunshine of the riverbank
в солнечном свете на берегу реки
near the boats
возле лодок
in the shade of the Sal-wood forest
в тени леса Салвуд
in the shade of the fig tree
в тени фигового дерева
this is where Siddhartha grew up
здесь вырос Сиддхартха
he was the handsome son of a Brahman, the young falcon
он был красивым сыном брахмана, молодым соколом
he grew up with his friend Govinda
он вырос со своим другом Говиндой
Govinda was also the son of a Brahman
Говинда также был сыном брахмана.
by the banks of the river the sun tanned his light shoulders
на берегу реки солнце загорело его светлые плечи
bathing, performing the sacred ablutions, making sacred offerings
купание, совершение священных омовений, совершение священных подношений
In the mango garden, shade poured into his black eyes
В манговом саду тень лилась в его черные глаза
when playing as a boy, when his mother sang
когда он играл в детстве, когда его мать пела
when the sacred offerings were made
когда совершались священные приношения
when his father, the scholar, taught him
когда его отец, ученый, научил его
when the wise men talked

когда мудрецы говорили

For a long time, Siddhartha had been partaking in the discussions of the wise men

Сиддхартха долгое время принимал участие в дискуссиях мудрецов.

he practiced debating with Govinda

он практиковал дебаты с Говиндой

he practiced the art of reflection with Govinda

он практиковал искусство размышления с Говиндой

and he practiced meditation

и он практиковал медитацию

He already knew how to speak the Om silently

Он уже умел произносить «Ом» про себя.

he knew the word of words

он знал слово слов

he spoke it silently into himself while inhaling

он произнес это про себя, вдыхая

he spoke it silently out of himself while exhaling

он произнес это беззвучно, выдыхая

he did this with all the concentration of his soul

он сделал это со всей сосредоточенностью своей души

his forehead was surrounded by the glow of the clear-thinking spirit

его лоб был окружен сиянием ясномыслящего духа

He already knew how to feel Atman in the depths of his being

Он уже знал, как чувствовать Атмана в глубине своего существа.

he could feel the indestructible

он мог чувствовать неразрушимое

he knew what it was to be at one with the universe

он знал, что значит быть единым со вселенной

Joy leapt in his father's heart

Радость взыграла в сердце отца.

because his son was quick to learn

потому что его сын быстро учился

he was thirsty for knowledge
он жаждал знаний
his father could see him growing up to become a great wise man
его отец видел, что он вырастет и станет великим мудрецом
he could see him becoming a priest
он мог бы представить, что он станет священником
he could see him becoming a prince among the Brahmans
он мог видеть его становящимся принцем среди брахманов
Bliss leapt in his mother's breast when she saw him walking
Блаженство взыграло в груди его матери, когда она увидела его идущим
Bliss leapt in her heart when she saw him sit down and get up
Блаженство вспыхнуло в ее сердце, когда она увидела, как он садится и встает.
Siddhartha was strong and handsome
Сиддхартха был сильным и красивым
he, who was walking on slender legs
он, который ходил на тонких ногах
he greeted her with perfect respect
он приветствовал ее с полным уважением
Love touched the hearts of the Brahmans' young daughters
Любовь коснулась сердец юных дочерей брахманов.
they were charmed when Siddhartha walked through the lanes of the town
они были очарованы, когда Сиддхартха шел по переулкам города
his luminous forehead, his eyes of a king, his slim hips
его светящийся лоб, его глаза короля, его стройные бедра
But most of all he was loved by Govinda
Но больше всех его любил Говинда.
Govinda, his friend, the son of a Brahman
Говинда, его друг, сын брахмана

He loved Siddhartha's eye and sweet voice
Он любил глаза и сладкий голос Сиддхартхи.
he loved the way he walked
ему нравилась его походка
and he loved the perfect decency of his movements
и он любил идеальную благопристойность своих движений
he loved everything Siddhartha did and said
он любил все, что делал и говорил Сиддхартха
but what he loved most was his spirit
но больше всего он любил свой дух
he loved his transcendent, fiery thoughts
он любил свои трансцендентные, пламенные мысли
he loved his ardent will and high calling
он любил свою пламенную волю и высокое призвание
Govinda knew he would not become a common Brahman
Говинда знал, что он не станет обычным брахманом.
no, he would not become a lazy official
нет, он не станет ленивым чиновником
no, he would not become a greedy merchant
нет, он не станет жадным торговцем
not a vain, vacuous speaker
не тщеславный, пустослов
nor a mean, deceitful priest
ни подлый, лживый священник
and he also would not become a decent, stupid sheep
и он также не стал бы порядочной, глупой овцой
a sheep in the herd of the many
овца в стаде многих
and he did not want to become one of those things
и он не хотел стать одним из тех,
he did not want to be one of those tens of thousands of Brahmans
он не хотел быть одним из тех десятков тысяч брахманов
He wanted to follow Siddhartha; the beloved, the splendid

Он хотел последовать за Сиддхартхой; возлюбленным, великолепным
in days to come, when Siddhartha would become a god, he would be there
в грядущие дни, когда Сиддхартха станет богом, он будет там
when he would join the glorious, he would be there
когда он присоединится к славным, он будет там
Govinda wanted to follow him as his friend
Говинда хотел следовать за ним как за своим другом
he was his companion and his servant
он был его товарищем и его слугой
he was his spear-carrier and his shadow
он был его копьеносцем и его тенью
Siddhartha was loved by everyone
Сиддхартху любили все
He was a source of joy for everybody
Он был источником радости для всех.
he was a delight for them all
он был радостью для них всех
But he, Siddhartha, was not a source of joy for himself
Но он, Сиддхартха, не был источником радости для себя самого.
he found no delight in himself
он не находил в себе никакой радости
he walked the rosy paths of the fig tree garden
он ходил по розовым дорожкам фигового сада
he sat in the bluish shade in the garden of contemplation
он сидел в синеватой тени в саду размышлений
he washed his limbs daily in the bath of repentance
он ежедневно омывал свои члены в ванне покаяния
he made sacrifices in the dim shade of the mango forest
он приносил жертвы в тусклой тени мангового леса
his gestures were of perfect decency
его жесты были совершенно благопристойными
he was everyone's love and joy

он был всеобщей любовью и радостью
but he still lacked all joy in his heart
но в его сердце все еще не было радости
Dreams and restless thoughts came into his mind
Мечты и беспокойные мысли пришли ему в голову.
his dreams flowed from the water of the river
его мечты текли из воды реки
his dreams sparked from the stars of the night
его мечты вспыхнули среди звезд ночи
his dreams melted from the beams of the sun
его мечты растаяли от лучей солнца
dreams came to him, and a restlessness of the soul came to him
Ему приходили сны, и беспокойство души его находило
his soul was fuming from the sacrifices
его душа кипела от жертвоприношений
he breathed forth from the verses of the Rig-Veda
он выдохнул из стихов Ригведы
the verses were infused into him, drop by drop
стихи вливались в него капля за каплей
the verses from the teachings of the old Brahmans
стихи из учений древних брахманов
Siddhartha had started to nurse discontent in himself
Сиддхартха начал вынашивать в себе недовольство
he had started to feel doubt about the love of his father
он начал сомневаться в любви своего отца
he doubted the love of his mother
он усомнился в любви своей матери
and he doubted the love of his friend, Govinda
и он усомнился в любви своего друга, Говинды
he doubted if their love could bring him joy forever and ever
он сомневался, сможет ли их любовь принести ему радость на веки вечные.
their love could not nurse him
их любовь не могла его выкормить

their love could not feed him
их любовь не могла его прокормить
their love could not satisfy him
их любовь не могла удовлетворить его
he had started to suspect his father's teachings
он начал подозревать учения своего отца
perhaps he had shown him everything he knew
возможно, он показал ему все, что знал
there were his other teachers, the wise Brahmans
были и другие его учителя, мудрые брахманы
perhaps they had already revealed to him the best of their wisdom
возможно, они уже открыли ему лучшую часть своей мудрости
he feared that they had already filled his expecting vessel
он боялся, что они уже наполнили его ожидающий сосуд
despite the richness of their teachings, the vessel was not full
несмотря на богатство их учений, сосуд не был полон
the spirit was not content
дух не был доволен
the soul was not calm
душа не была спокойна
the heart was not satisfied
сердце не было удовлетворено
the ablutions were good, but they were water
омовения были хороши, но это была вода
the ablutions did not wash off the sin
омовения не смывают грехи
they did not heal the spirit's thirst
они не исцелили жажду духа
they did not relieve the fear in his heart
они не успокоили страх в его сердце
The sacrifices and the invocation of the gods were excellent
Жертвоприношения и призывание богов были превосходны.

but was that all there was?
Но было ли это все?
did the sacrifices give a happy fortune?
принесли ли жертвоприношения счастливую судьбу?
and what about the gods?
а как насчет богов?
Was it really Prajapati who had created the world?
Действительно ли Праджапати создал мир?
Was it not the Atman who had created the world?
Разве не Атман создал мир?
Atman, the only one, the singular one
Атман, единственный, единственный
Were the gods not creations?
Разве боги не были творениями?
were they not created like me and you?
Разве они не были созданы, как я и ты?
were the Gods not subject to time?
Разве Боги не подвластны времени?
were the Gods mortal? Was it good?
Боги были смертны? Было ли это хорошо?
was it right? was it meaningful?
было ли это правильно? было ли это осмысленно?
was it the highest occupation to make offerings to the gods?
Было ли приношение жертв богам высшим занятием?
For whom else were offerings to be made?
Кому еще следовало делать подношения?
who else was to be worshipped?
Кому еще следовало поклоняться?
who else was there, but Him?
Кто еще там был, кроме Него?
The only one, the Atman
Единственный, Атман
And where was Atman to be found?
И где же найти Атмана?
where did He reside?
где Он проживал?

where did His eternal heart beat?
где билось Его вечное сердце?
where else but in one's own self?
где же еще, как не в себе самом?
in its innermost indestructible part
в своей самой внутренней неразрушимой части
could he be that which everyone had in himself?
мог ли он быть тем, что есть в каждом человеке?
But where was this self?
Но где же было это «я»?
where was this innermost part?
Где же была эта самая внутренняя часть?
where was this ultimate part?
где была эта конечная часть?
It was not flesh and bone
Это не было плотью и костями.
it was neither thought nor consciousness
это не было ни мыслью, ни сознанием
this is what the wisest ones taught
вот чему учили мудрейшие
So where was it?
Так где же это было?
the self, myself, the Atman
Я, я сам, Атман
To reach this place, there was another way
Чтобы добраться до этого места, был другой путь.
was this other way worth looking for?
стоило ли искать другой путь?
Alas, nobody showed him this way
Увы, никто ему этот путь не показал.
nobody knew this other way
никто не знал этого иначе
his father did not know it
его отец не знал этого
and the teachers and wise men did not know it
и учителя и мудрецы не знали этого

They knew everything, the Brahmans
Они знали все, брахманы.
and their holy books knew everything
и их священные книги знали все
they had taken care of everything
они обо всем позаботились
they took care of the creation of the world
они позаботились о сотворении мира
they described origin of speech, food, inhaling, exhaling
они описали происхождение речи, пищи, вдоха, выдоха
they described the arrangement of the senses
они описали расположение чувств
they described the acts of the gods
они описывали деяния богов
their books knew infinitely much
их книги знали бесконечно много
but was it valuable to know all of this?
но было ли ценно знать все это?
was there not only one thing to be known?
Разве не нужно было знать только одно?
was there still not the most important thing to know?
Неужели все еще не известно самое главное?
many verses of the holy books spoke of this innermost, ultimate thing
Многие стихи священных книг говорили об этой сокровенной, высшей вещи
it was spoken of particularly in the Upanishades of Samaveda
об этом говорилось в частности в Упанишадах Самаведы
they were wonderful verses
это были замечательные стихи
"Your soul is the whole world", this was written there
«Твоя душа — это весь мир», — так было написано там.
and it was written that man in deep sleep would meet with his innermost part

и было написано, что человек в глубоком сне встретится со своей сокровенной частью
and he would reside in the Atman
и он будет пребывать в Атмане
Marvellous wisdom was in these verses
Чудесная мудрость была в этих стихах.
all knowledge of the wisest ones had been collected here in magic words
Все знания мудрейших были собраны здесь в магических словах.
it was as pure as honey collected by bees
он был чист, как мед, собранный пчелами
No, the verses were not to be looked down upon
Нет, на стихи нельзя было смотреть свысока.
they contained tremendous amounts of enlightenment
они содержали огромное количество просветления
they contained wisdom which lay collected and preserved
они содержали мудрость, которая была собрана и сохранена
wisdom collected by innumerable generations of wise Brahmans
мудрость, собранная бесчисленными поколениями мудрых брахманов
But where were the Brahmans?
Но где были брахманы?
where were the priests?
где были священники?
where the wise men or penitents?
где мудрецы или кающиеся?
where were those that had succeeded?
где были те, кому это удалось?
where were those who knew more than deepest of all knowledge?
где были те, кто знал больше, чем глубочайшее из всех знаний?

where were those that also lived out the enlightened wisdom?
Где были те, кто также жил просветленной мудростью?
Where was the knowledgeable one who brought Atman out of his sleep?
Где был тот знающий, кто вывел Атмана из сна?
who had brought this knowledge into the day?
кто принес эти знания в этот день?
who had taken this knowledge into their life?
кто применил эти знания в своей жизни?
who carried this knowledge with every step they took?
кто нёс это знание с собой на каждом шагу?
who had married their words with their deeds?
кто подкрепил свои слова делами?
Siddhartha knew many venerable Brahmans
Сиддхартха знал многих почтенных брахманов
his father, the pure one
его отец, чистый
the scholar, the most venerable one
ученый, самый почтенный
His father was worthy of admiration
Его отец был достоин восхищения.
quiet and noble were his manners
тихие и благородные были его манеры
pure was his life, wise were his words
Чиста была его жизнь, мудры были его слова
delicate and noble thoughts lived behind his brow
тонкие и благородные мысли жили за его челом
but even though he knew so much, did he live in blissfulness?
но даже зная так много, жил ли он в блаженстве?
despite all his knowledge, did he have peace?
Несмотря на все свои знания, был ли у него мир?
was he not also just a searching man?
Разве он не был просто ищущим человеком?
was he still not a thirsty man?

Разве он все еще не был жаждущим человеком?
Did he not have to drink from holy sources again and again?
Разве ему не приходилось снова и снова пить из святых источников?
did he not drink from the offerings?
Разве он не пил из приношений?
did he not drink from the books?
Разве он не пил из книг?
did he not drink from the disputes of the Brahmans?
Разве он не пил из споров брахманов?
Why did he have to wash off sins every day?
Почему ему приходилось каждый день смывать грехи?
must he strive for a cleansing every day?
должен ли он стремиться к очищению каждый день?
over and over again, every day
снова и снова, каждый день
Was Atman not in him?
Разве Атман не был в нем?
did not the pristine source spring from his heart?
Разве не из его сердца исходил первоначальный источник?
the pristine source had to be found in one's own self
первоначальный источник нужно было найти в себе самом
the pristine source had to be possessed!
необходимо было завладеть первозданным источником!
doing anything else else was searching
делать что-то еще, кроме поиска
taking any other pass is a detour
использование любого другого прохода является объездом
going any other way leads to getting lost
если идти любым другим путем, то можно заблудиться
These were Siddhartha's thoughts
Это были мысли Сиддхартхи.
this was his thirst, and this was his suffering
это была его жажда, и это было его страдание
Often he spoke to himself from a Chandogya-Upanishad:
Часто он говорил сам с собой из Чхандогья-упанишады:

"Truly, the name of the Brahman is Satyam"
«Воистину, имя Брахмана — Сатьям»
"he who knows such a thing, will enter the heavenly world every day"
«тот, кто знает это, будет входить в небесный мир каждый день»
Often the heavenly world seemed near
Часто небесный мир казался близким
but he had never reached the heavenly world completely
но он так и не достиг небесного мира полностью
he had never quenched the ultimate thirst
он никогда не утолял последней жажды
And among all the wise and wisest men, none had reached it
И среди всех мудрых и мудрейших людей никто не достиг этого.
he received instructions from them
он получил от них инструкции
but they hadn't completely reached the heavenly world
но они не достигли полностью небесного мира
they hadn't completely quenched their thirst
они не полностью утолили свою жажду
because this thirst is an eternal thirst
потому что эта жажда — вечная жажда

"Govinda" Siddhartha spoke to his friend
«Говинда» Сиддхартха говорил со своим другом
"Govinda, my dear, come with me under the Banyan tree"
«Говинда, дорогой мой, пойдем со мной под баньяновое дерево»
"let's practise meditation"
«Давайте практиковать медитацию»
They went to the Banyan tree
Они пошли к дереву баньян
under the Banyan tree they sat down
Под баньяном они сели
Siddhartha was right here

Сиддхартха был здесь

Govinda was twenty paces away

Говинда был в двадцати шагах

Siddhartha seated himself and he repeated murmuring the verse

Сиддхартха сел и повторил, бормоча, стих

Om is the bow, the arrow is the soul

Ом — это лук, стрела — это душа.

The Brahman is the arrow's target

Цель стрелы — Брахман.

the target that one should incessantly hit

цель, в которую следует непрестанно попадать

the usual time of the exercise in meditation had passed

обычное время упражнения в медитации прошло

Govinda got up, the evening had come

Говинда встал, наступил вечер.

it was time to perform the evening's ablution

пришло время совершить вечернее омовение

He called Siddhartha's name, but Siddhartha did not answer

Он позвал Сиддхартху по имени, но Сиддхартха не ответил.

Siddhartha sat there, lost in thought

Сиддхартха сидел там, погруженный в мысли.

his eyes were rigidly focused towards a very distant target

его глаза были пристально устремлены на очень далекую цель

the tip of his tongue was protruding a little between the teeth

кончик его языка немного высовывался между зубами

he seemed not to breathe

он, казалось, не дышал

Thus sat he, wrapped up in contemplation

Так сидел он, погруженный в размышления

he was deep in thought of the Om

он был глубоко погружен в размышления об Оме

his soul sent after the Brahman like an arrow

его душа, посланная вслед за Брахманом, словно стрела
Once, Samanas had travelled through Siddhartha's town
Однажды Саманас проезжал через город Сиддхартхи.
they were ascetics on a pilgrimage
они были аскетами, совершавшими паломничество
three skinny, withered men, neither old nor young
три тощих, иссохших человека, ни старые, ни молодые
dusty and bloody were their shoulders
Их плечи были пыльными и кровавыми.
almost naked, scorched by the sun, surrounded by loneliness
почти голый, опалённый солнцем, окружённый одиночеством
strangers and enemies to the world
чужаки и враги миру
strangers and jackals in the realm of humans
чужаки и шакалы в мире людей
Behind them blew a hot scent of quiet passion
За ними веял жаркий аромат тихой страсти.
a scent of destructive service
запах разрушительного обслуживания
a scent of merciless self-denial
аромат беспощадного самоотречения
the evening had come
наступил вечер
after the hour of contemplation, Siddhartha spoke to Govinda
после часа размышлений Сиддхартха обратился к Говинде
"Early tomorrow morning, my friend, Siddhartha will go to the Samanas"
«Завтра рано утром, мой друг, Сиддхартха отправится к саманам».
"He will become a Samana"
«Он станет саманом»
Govinda turned pale when he heard these words
Говинда побледнел, услышав эти слова.

and he read the decision in the motionless face of his friend
и он прочитал решение на неподвижном лице своего друга
the determination was unstoppable, like the arrow shot from the bow
Решимость была неудержима, как стрела, выпущенная из лука.
Govinda realized at first glance; now it is beginning
Говинда понял с первого взгляда; теперь это начинается
now Siddhartha is taking his own way
теперь Сиддхартха идет своим путем
now his fate is beginning to sprout
теперь его судьба начинает прорастать
and because of Siddhartha, Govinda's fate is sprouting too
и благодаря Сиддхартхе судьба Говинды тоже прорастает
he turned pale like a dry banana-skin
он побледнел как сухая банановая кожура
"Oh Siddhartha," he exclaimed
«О Сиддхартха», воскликнул он
"will your father permit you to do that?"
«Твой отец разрешит тебе это сделать?»
Siddhartha looked over as if he was just waking up
Сиддхартха выглядел так, словно только что проснулся.
like an Arrow he read Govinda's soul
Как стрела, он прочитал душу Говинды
he could read the fear and the submission in him
он мог прочитать в нем страх и покорность
"Oh Govinda," he spoke quietly, "let's not waste words"
«О Говинда», — тихо сказал он, — «не будем тратить слова».
"Tomorrow at daybreak I will begin the life of the Samanas"
«Завтра на рассвете я начну жизнь самана».
"let us speak no more of it"
"давайте не будем больше об этом говорить"

Siddhartha entered the chamber where his father was sitting

Сиддхартха вошел в комнату, где сидел его отец.
his father was was on a mat of bast
его отец был на циновке из лыка
Siddhartha stepped behind his father
Сиддхартха встал позади своего отца
and he remained standing behind him
и он остался стоять позади него
he stood until his father felt that someone was standing behind him
он стоял, пока его отец не почувствовал, что кто-то стоит позади него
Spoke the Brahman: "Is that you, Siddhartha?"
Сказал брахман: «Это ты, Сиддхартха?»
"Then say what you came to say"
«Тогда скажи то, что ты пришел сказать»
Spoke Siddhartha: "With your permission, my father"
Сиддхартха сказал: «С твоего разрешения, отец».
"I came to tell you that it is my longing to leave your house tomorrow"
«Я пришел сказать вам, что мне очень хочется завтра покинуть ваш дом».
"I wish to go to the ascetics"
«Я хочу пойти к аскетам»
"My desire is to become a Samana"
«Мое желание — стать саманой»
"May my father not oppose this"
«Да не воспротивится этому мой отец»
The Brahman fell silent, and he remained so for long
Брахман замолчал и оставался в таком состоянии долгое время.
the stars in the small window wandered
звезды в маленьком окне бродили
and they changed their relative positions
и они изменили свое относительное положение
Silent and motionless stood the son with his arms folded
Молча и неподвижно стоял сын, скрестив руки на груди.

silent and motionless sat the father on the mat
молча и неподвижно сидел отец на циновке
and the stars traced their paths in the sky
и звезды проложили свой путь на небе
Then spoke the father
Тогда сказал отец
"it is not proper for a Brahman to speak harsh and angry words"
«брахману не подобает говорить грубые и гневные слова»
"But indignation is in my heart"
«Но негодование в моем сердце»
"I wish not to hear this request for a second time"
«Я не хочу слышать эту просьбу во второй раз»
Slowly, the Brahman rose
Медленно Брахман поднялся
Siddhartha stood silently, his arms folded
Сиддхартха молча стоял, скрестив руки на груди.
"What are you waiting for?" asked the father
«Чего ты ждешь?» — спросил отец.
Spoke Siddhartha, "You know what I'm waiting for"
Сиддхартха сказал: «Ты знаешь, чего я жду».
Indignant, the father left the chamber
Возмущенный отец вышел из комнаты.
indignant, he went to his bed and lay down
возмущенный, он пошел к своей кровати и лег
an hour passed, but no sleep had come over his eyes
прошел час, но сон не сошел на его глаза
the Brahman stood up and he paced to and fro
Брахман встал и стал ходить взад и вперед
and he left the house in the night
и он ушел из дома ночью
Through the small window of the chamber he looked back inside
Через маленькое окно комнаты он заглянул внутрь.
and there he saw Siddhartha standing
и там он увидел Сиддхартху, стоящего

his arms were folded and he had not moved from his spot
его руки были скрещены, и он не двигался с места
Pale shimmered his bright robe
Бледно мерцал его яркий халат
With anxiety in his heart, the father returned to his bed
С тревогой в сердце отец вернулся в постель.
another sleepless hour passed
Прошел еще один бессонный час
since no sleep had come over his eyes, the Brahman stood up again
так как сон не сошел на его глаза, брахман снова встал
he paced to and fro, and he walked out of the house
он ходил взад и вперед и вышел из дома
and he saw that the moon had risen
и он увидел, что взошла луна
Through the window of the chamber he looked back inside
Через окно комнаты он заглянул внутрь
there stood Siddhartha, unmoved from his spot
Там стоял Сиддхартха, не двигаясь с места.
his arms were folded, as they had been
его руки были скрещены, как и прежде
moonlight was reflecting from his bare shins
Лунный свет отражался от его голых голеней
With worry in his heart, the father went back to bed
С тревогой в сердце отец вернулся в постель.
he came back after an hour
он вернулся через час
and he came back again after two hours
и он вернулся снова через два часа
he looked through the small window
он посмотрел через маленькое окно
he saw Siddhartha standing in the moon light
он увидел Сиддхартху, стоящего в лунном свете
he stood by the light of the stars in the darkness
он стоял при свете звезд во тьме
And he came back hour after hour

И он возвращался час за часом.
silently, he looked into the chamber
молча, он посмотрел в камеру
he saw him standing in the same place
он увидел его стоящим на том же месте
it filled his heart with anger
это наполнило его сердце гневом
it filled his heart with unrest
это наполнило его сердце беспокойством
it filled his heart with anguish
это наполнило его сердце тоской
it filled his heart with sadness
это наполнило его сердце печалью
the night's last hour had come
настал последний час ночи
his father returned and stepped into the room
его отец вернулся и вошел в комнату
he saw the young man standing there
он увидел молодого человека, стоящего там
he seemed tall and like a stranger to him
он казался ему высоким и как будто незнакомым
"Siddhartha," he spoke, "what are you waiting for?"
«Сиддхартха, — сказал он, — чего ты ждешь?»
"You know what I'm waiting for"
«Ты знаешь, чего я жду»
"Will you always stand that way and wait?
«Ты всегда будешь так стоять и ждать?
"I will always stand and wait"
«Я всегда буду стоять и ждать»
"will you wait until it becomes morning, noon, and evening?"
«Будешь ли ты ждать, пока не наступит утро, полдень и вечер?»
"I will wait until it become morning, noon, and evening"
«Я подожду, пока не наступит утро, полдень и вечер»
"You will become tired, Siddhartha"

«Ты устанешь, Сиддхартха»
"I will become tired"
«Я устану»
"You will fall asleep, Siddhartha"
«Ты уснешь, Сиддхартха»
"I will not fall asleep"
«Я не усну»
"You will die, Siddhartha"
«Ты умрешь, Сиддхартха»
"I will die," answered Siddhartha
«Я умру», — ответил Сиддхартха.
"And would you rather die, than obey your father?"
«И ты предпочтешь умереть, чем повиноваться отцу?»
"Siddhartha has always obeyed his father"
«Сиддхартха всегда подчинялся своему отцу»
"So will you abandon your plan?"
«Так ты откажешься от своего плана?»
"Siddhartha will do what his father will tell him to do"
«Сиддхартха сделает то, что скажет ему отец»
The first light of day shone into the room
Первый луч солнца проник в комнату.
The Brahman saw that Siddhartha knees were softly trembling
Брахман увидел, что колени Сиддхартхи слегка дрожат.
In Siddhartha's face he saw no trembling
На лице Сиддхартхи он не увидел дрожи.
his eyes were fixed on a distant spot
его глаза были устремлены в даль
This was when his father realized
В этот момент его отец понял,
even now Siddhartha no longer dwelt with him in his home
даже теперь Сиддхартха больше не жил с ним в его доме
he saw that he had already left him
он увидел, что тот уже оставил его
The Father touched Siddhartha's shoulder
Отец коснулся плеча Сиддхартхи

"You will," he spoke, "go into the forest and be a Samana"
«Ты, — сказал он, — пойдешь в лес и будешь саманой».
"When you find blissfulness in the forest, come back"
«Когда найдешь блаженство в лесу, возвращайся»
"come back and teach me to be blissful"
«вернись и научи меня быть блаженным»
"If you find disappointment, then return"
«Если вас постигнет разочарование, то возвращайтесь»
"return and let us make offerings to the gods together, again"
«возвращайтесь и давайте снова вместе принесем жертвы богам»
"Go now and kiss your mother"
«Иди и поцелуй свою мать»
"tell her where you are going"
"скажи ей, куда ты идешь"
"But for me it is time to go to the river"
«А мне пора идти к реке»
"it is my time to perform the first ablution"
«мне пора совершить первое омовение»
He took his hand from the shoulder of his son, and went outside
Он снял руку с плеча сына и вышел.
Siddhartha wavered to the side as he tried to walk
Сиддхартха покачнулся в сторону, пытаясь идти.
He put his limbs back under control and bowed to his father
Он взял свои конечности под контроль и поклонился отцу.
he went to his mother to do as his father had said
он пошел к своей матери, чтобы сделать то, что сказал его отец
As he slowly left on stiff legs a shadow rose near the last hut
Когда он медленно уходил на негнущихся ногах, тень поднялась около последней хижины.
who had crouched there, and joined the pilgrim?
кто присел там и присоединился к паломнику?
"Govinda, you have come" said Siddhartha and smiled
«Говинда, ты пришел», — сказал Сиддхартха и улыбнулся.

"I have come," said Govinda
«Я пришел», — сказал Говинда.

With the Samanas
С саманами

In the evening of this day they caught up with the ascetics
Вечером этого дня они догнали подвижников.
the ascetics; the skinny Samanas
аскеты; тощие саманы
they offered them their companionship and obedience
они предложили им свое общество и послушание
Their companionship and obedience were accepted
Их товарищество и послушание были приняты.
Siddhartha gave his garments to a poor Brahman in the street
Сиддхартха отдал свою одежду бедному брахману на улице.
He wore nothing more than a loincloth and earth-coloured, unsown cloak
На нем была только набедренная повязка и незашитый плащ цвета земли.
He ate only once a day, and never anything cooked
Он ел только один раз в день и никогда ничего не ел приготовленного.
He fasted for fifteen days, he fasted for twenty-eight days
Он постился пятнадцать дней, он постился двадцать восемь дней
The flesh waned from his thighs and cheeks
Плоть сошла с его бедер и щек.
Feverish dreams flickered from his enlarged eyes
Лихорадочные сны мелькали в его расширенных глазах.
long nails grew slowly on his parched fingers

Длинные ногти медленно росли на его пересохших пальцах.
and a dry, shaggy beard grew on his chin
и на подбородке у него росла сухая, лохматая борода
His glance turned to ice when he encountered women
Его взгляд становился ледяным, когда он встречал женщин.
he walked through a city of nicely dressed people
он прошел через город красиво одетых людей
his mouth twitched with contempt for them
его рот дернулся от презрения к ним
He saw merchants trading and princes hunting
Он видел, как купцы торгуют, а принцы охотятся.
he saw mourners wailing for their dead
он увидел скорбящих, оплакивающих своих умерших
and he saw whores offering themselves
и он увидел шлюх, предлагающих себя
physicians trying to help the sick
врачи пытаются помочь больным
priests determining the most suitable day for seeding
священники определяют наиболее подходящий день для посева
lovers loving and mothers nursing their children
влюбленные любящие и матери кормящие своих детей
and all of this was not worthy of one look from his eyes
и все это не стоило даже одного взгляда его глаз
it all lied, it all stank, it all stank of lies
все это лгало, все это воняло, все это воняло ложью
it all pretended to be meaningful and joyful and beautiful
все это притворялось значимым, радостным и прекрасным
and it all was just concealed putrefaction
и все это было просто скрытое гниение
the world tasted bitter; life was torture
мир был горьким на вкус; жизнь была пыткой

A single goal stood before Siddhartha

Единственная цель стояла перед Сиддхартхой
his goal was to become empty
его целью было стать пустым
his goal was to be empty of thirst
его целью было избавиться от жажды
empty of wishing and empty of dreams
пусто от желаний и пусто от мечтаний
empty of joy and sorrow
пустой от радости и печали
his goal was to be dead to himself
его целью было быть мертвым для себя
his goal was not to be a self any more
его целью было больше не быть самим собой
his goal was to find tranquillity with an emptied heart
его целью было обрести покой с опустошенным сердцем
his goal was to be open to miracles in unselfish thoughts
его целью было быть открытым чудесам в бескорыстных мыслях
to achieve this was his goal
достичь этого было его целью
when all of his self was overcome and had died
когда все его «я» было побеждено и умерло
when every desire and every urge was silent in the heart
когда все желания и все стремления затихли в сердце
then the ultimate part of him had to awake
тогда последняя часть его должна была пробудиться
the innermost of his being, which is no longer his self
самая внутренняя часть его существа, которая больше не является его «я»
this was the great secret
это был великий секрет

Silently, Siddhartha exposed himself to the burning rays of the sun
Сиддхартха молча подставил себя палящим лучам солнца.
he was glowing with pain and he was glowing with thirst

он светился от боли и он светился от жажды
and he stood there until he neither felt pain nor thirst
и он стоял там до тех пор, пока не перестал чувствовать ни боли, ни жажды.
Silently, he stood there in the rainy season
Он молча стоял там в сезон дождей.
from his hair the water was dripping over freezing shoulders
с его волос вода капала на замерзшие плечи
the water was dripping over his freezing hips and legs
вода капала по его замерзшим бедрам и ногам
and the penitent stood there
и кающийся стоял там
he stood there until he could not feel the cold any more
он стоял там до тех пор, пока не перестал чувствовать холод.
he stood there until his body was silent
он стоял там, пока его тело не затихло
he stood there until his body was quiet
он стоял там, пока его тело не затихло
Silently, he cowered in the thorny bushes
Он молча спрятался в колючих кустах
blood dripped from the burning skin
Кровь капала с горящей кожи
blood dripped from festering wounds
кровь капала из гноящихся ран
and Siddhartha stayed rigid and motionless
и Сиддхартха остался неподвижен и неподвижен
he stood until no blood flowed any more
он стоял до тех пор, пока не перестала течь кровь
he stood until nothing stung any more
он стоял до тех пор, пока боль не прошла
he stood until nothing burned any more
он стоял до тех пор, пока ничего не горело
Siddhartha sat upright and learned to breathe sparingly
Сиддхартха сел прямо и научился дышать экономно.

he learned to get along with few breaths
он научился обходиться малым количеством вдохов
he learned to stop breathing
он научился останавливать дыхание
He learned, beginning with the breath, to calm the beating of his heart
Он научился, начиная с дыхания, успокаивать биение своего сердца.
he learned to reduce the beats of his heart
он научился уменьшать частоту ударов своего сердца
he meditated until his heartbeats were only a few
он медитировал до тех пор, пока его сердцебиение не стало всего лишь несколько раз в минуту.
and then his heartbeats were almost none
и тогда его сердцебиение почти прекратилось
Instructed by the oldest of the Samanas, Siddhartha practised self-denial
Наученный старейшим из саманов, Сиддхартха практиковал самоотречение
he practised meditation, according to the new Samana rules
он практиковал медитацию, согласно новым правилам саманы
A heron flew over the bamboo forest
Цапля пролетела над бамбуковым лесом
Siddhartha accepted the heron into his soul
Сиддхартха принял цаплю в свою душу
he flew over forest and mountains
он пролетел над лесом и горами
he was a heron, he ate fish
он был цаплей, он ел рыбу
he felt the pangs of a heron's hunger
он почувствовал муки голода цапли
he spoke the heron's croak
он говорил карканьем цапли
he died a heron's death
он умер смертью цапли

A dead jackal was lying on the sandy bank
На песчаном берегу лежал мертвый шакал.
Siddhartha's soul slipped inside the body of the dead jackal
Душа Сиддхартхи вселилась в тело мертвого шакала.
he was the dead jackal laying on the banks and bloated
он был мертвым шакалом, лежащим на берегу и раздутым
he stank and decayed and was dismembered by hyenas
он вонял и разлагался и был расчленен гиенами
he was skinned by vultures and turned into a skeleton
стервятники сняли с него кожу и превратили его в скелет
he was turned to dust and blown across the fields
он был превращен в пыль и развеян по полям
And Siddhartha's soul returned
И душа Сиддхартхи вернулась
it had died, decayed, and was scattered as dust
он умер, сгнил и был рассеян как пыль
it had tasted the gloomy intoxication of the cycle
он вкусил мрачное опьянение цикла
it awaited with a new thirst, like a hunter in the gap
он ждал с новой жаждой, как охотник в проломе
in the gap where he could escape from the cycle
в щели, где он мог бы вырваться из цикла
in the gap where an eternity without suffering began
в проломе, где началась вечность без страданий
he killed his senses and his memory
он убил свои чувства и свою память
he slipped out of his self into thousands of other forms
он выскользнул из себя в тысячи других форм
he was an animal, a carrion, a stone
он был животным, падалью, камнем
he was wood and water
он был деревом и водой
and he awoke every time to find his old self again
и он просыпался каждый раз, чтобы снова найти себя прежнего.
whether sun or moon, he was his self again

будь то солнце или луна, он снова был самим собой
he turned round in the cycle
он повернулся в цикле
he felt thirst, overcame the thirst, felt new thirst
он почувствовал жажду, преодолел жажду, почувствовал новую жажду

Siddhartha learned a lot when he was with the Samanas
Сиддхартха многому научился, когда был с саманами.
he learned many ways leading away from the self
он узнал много путей, уводящих от себя
he learned how to let go
он научился отпускать
He went the way of self-denial by means of pain
Он прошел путь самоотречения через боль.
he learned self-denial through voluntarily suffering and overcoming pain
он научился самоотречению через добровольное страдание и преодоление боли
he overcame hunger, thirst, and tiredness
он преодолел голод, жажду и усталость
He went the way of self-denial by means of meditation
Он прошел путь самоотречения посредством медитации.
he went the way of self-denial through imagining the mind to be void of all conceptions
он прошел путь самоотречения, вообразив, что разум свободен от всех концепций
with these and other ways he learned to let go
с помощью этих и других способов он научился отпускать
a thousand times he left his self
тысячу раз он покидал себя
for hours and days he remained in the non-self
часами и днями он оставался в состоянии не-я
all these ways led away from the self
все эти пути уводили от себя
but their path always led back to the self

но их путь всегда возвращался к себе
Siddhartha fled from the self a thousand times
Сиддхартха бежал от себя тысячу раз
but the return to the self was inevitable
но возвращение к себе было неизбежным
although he stayed in nothingness, coming back was inevitable
хотя он и оставался в небытии, возвращение было неизбежным
although he stayed in animals and stones, coming back was inevitable
хотя он и оставался в животных и камнях, возвращение было неизбежным
he found himself in the sunshine or in the moonlight again
он снова оказался под солнечным или лунным светом
he found himself in the shade or in the rain again
он снова оказался в тени или под дождем
and he was once again his self; Siddhartha
и он снова стал самим собой; Сиддхартха
and again he felt the agony of the cycle which had been forced upon him
и снова он почувствовал агонию цикла, который был ему навязан

by his side lived Govinda, his shadow
Рядом с ним жил Говинда, его тень
Govinda walked the same path and undertook the same efforts
Говинда шел тем же путем и предпринимал те же усилия.
they spoke to one another no more than the exercises required
они говорили друг с другом не больше, чем требовалось для упражнений
occasionally the two of them went through the villages
иногда они вдвоем ходили по деревням
they went to beg for food for themselves and their teachers

они пошли просить милостыню для себя и своих учителей

"How do you think we have progressed, Govinda" he asked

«Как ты думаешь, каков наш прогресс, Говинда?» — спросил он.

"Did we reach any goals?" Govinda answered

«Достигли ли мы каких-либо целей?» — ответил Говинда.

"We have learned, and we'll continue learning"

«Мы извлекли уроки и продолжим учиться»

"You'll be a great Samana, Siddhartha"

«Ты будешь великим саманой, Сиддхартха»

"Quickly, you've learned every exercise"

«Быстро, ты выучил все упражнения»

"often, the old Samanas have admired you"

«старые саманы часто восхищались тобой»

"One day, you'll be a holy man, oh Siddhartha"

«Однажды ты станешь святым человеком, о Сиддхартха»

Spoke Siddhartha, "I can't help but feel that it is not like this, my friend"

Сиддхартха сказал: «Я не могу не чувствовать, что это не так, мой друг».

"What I've learned being among the Samanas could have been learned more quickly"

«То, чему я научился, находясь среди саманов, можно было бы усвоить и быстрее»

"it could have been learned by simpler means"

«это можно было бы узнать более простыми способами»

"it could have been learned in any tavern"

«этому можно было научиться в любой таверне»

"it could have been learned where the whorehouses are"

"можно было узнать, где находятся публичные дома"

"I could have learned it among carters and gamblers"

«Я мог бы научиться этому среди возчиков и игроков»

Spoke Govinda, "Siddhartha is joking with me"

Говинда сказал: «Сиддхартха шутит со мной».

"How could you have learned meditation among wretched people?"

«Как ты мог научиться медитации среди несчастных людей?»
"how could whores have taught you about holding your breath?"
«Как шлюхи могли научить тебя задерживать дыхание?»
"how could gamblers have taught you insensitivity against pain?"
«Как игроки могли научить вас нечувствительности к боли?»
Siddhartha spoke quietly, as if he was talking to himself
Сиддхартха говорил тихо, как будто разговаривал сам с собой.
"What is meditation?"
«Что такое медитация?»
"What is leaving one's body?"
«Что покидает тело?»
"What is fasting?"
«Что такое пост?»
"What is holding one's breath?"
«Что такое задержка дыхания?»
"It is fleeing from the self"
«Это бегство от себя»
"it is a short escape of the agony of being a self"
«это кратковременное избавление от мучений бытия собой»
"it is a short numbing of the senses against the pain"
«это кратковременное притупление чувств к боли»
"it is avoiding the pointlessness of life"
«это избегание бессмысленности жизни»
"The same numbing is what the driver of an ox-cart finds in the inn"
«Такое же оцепенение испытывает возница, запряженный волами, в гостинице»
"drinking a few bowls of rice-wine or fermented coconut-milk"

«выпив несколько чашек рисового вина или перебродившего кокосового молока»
"Then he won't feel his self anymore"
«Тогда он больше не будет чувствовать себя самим собой»
"then he won't feel the pains of life anymore"
«тогда он больше не будет чувствовать боли жизни»
"then he finds a short numbing of the senses"
«затем он ощущает кратковременное притупление чувств»
"When he falls asleep over his bowl of rice-wine, he'll find the same what we find"
«Когда он уснет над своей чашей рисового вина, он найдет то же, что и мы»
"he finds what we find when we escape our bodies through long exercises"
«Он находит то, что мы находим, когда выходим из своего тела с помощью длительных упражнений»
"all of us are staying in the non-self"
«все мы остаемся в не-я»
"This is how it is, oh Govinda"
«Вот как это бывает, о Говинда»
Spoke Govinda, "You say so, oh friend"
Говинда сказал: «Ты так говоришь, о друг».
"and yet you know that Siddhartha is no driver of an ox-cart"
«И все же ты знаешь, что Сиддхартха не возница воловьей упряжки»
"and you know a Samana is no drunkard"
"и ты знаешь, самана не пьяница"
"it's true that a drinker numbs his senses"
«Это правда, что у пьяницы притупляются чувства»
"it's true that he briefly escapes and rests"
«Это правда, что он ненадолго сбегает и отдыхает»
"but he'll return from the delusion and finds everything to be unchanged"
«но он вернется из заблуждения и найдет все неизменным»
"he has not become wiser"

«он не стал мудрее»
"he has gathered any enlightenment"
"он собрал какое-то просветление"
"he has not risen several steps"
«он не поднялся на несколько ступенек»
And Siddhartha spoke with a smile
И Сиддхартха говорил с улыбкой
"I do not know, I've never been a drunkard"
«Не знаю, я никогда не был пьяницей».
"I know that I find only a short numbing of the senses"
«Я знаю, что ощущаю лишь кратковременное притупление чувств»
"I find it in my exercises and meditations"
«Я нахожу это в своих упражнениях и медитациях»
"and I find I am just as far removed from wisdom as a child in the mother's womb"
«И я нахожу, что я так же далек от мудрости, как дитя в утробе матери»
"this I know, oh Govinda"
«Это я знаю, о Говинда»

And once again, another time, Siddhartha began to speak
И снова, в другой раз, Сиддхартха начал говорить
Siddhartha had left the forest, together with Govinda
Сиддхартха покинул лес вместе с Говиндой
they left to beg for some food in the village
они ушли просить немного еды в деревню
he said, "What now, oh Govinda?"
он сказал: «Что теперь, о Говинда?»
"are we on the right path?"
«Мы на правильном пути?»
"are we getting closer to enlightenment?"
«Приближаемся ли мы к просветлению?»
"are we getting closer to salvation?"
«Приближаемся ли мы к спасению?»
"Or do we perhaps live in a circle?"

«Или, может быть, мы живем в круге?»
"we, who have thought we were escaping the cycle"
«мы, которые думали, что вырвались из этого цикла»
Spoke Govinda, "We have learned a lot"
Говинда сказал: «Мы многому научились».
"Siddhartha, there is still much to learn"
«Сиддхартха, тебе еще многому предстоит научиться»
"We are not going around in circles"
«Мы не ходим по кругу»
"we are moving up; the circle is a spiral"
«Мы движемся вверх; круг — это спираль»
"we have already ascended many levels"
«мы уже поднялись на много уровней»
Siddhartha answered, "How old would you think our oldest Samana is?"
Сиддхартха ответил: «Как ты думаешь, сколько лет нашему старейшему самане?»
"how old is our venerable teacher?"
«Сколько лет нашему достопочтенному учителю?»
Spoke Govinda, "Our oldest one might be about sixty years of age"
Говинда сказал: «Нашему старшему, возможно, около шестидесяти лет».
Spoke Siddhartha, "He has lived for sixty years"
Сиддхартха сказал: «Он прожил шестьдесят лет».
"and yet he has not reached the nirvana"
"и все же он не достиг нирваны"
"He'll turn seventy and eighty"
«Ему исполнится семьдесят и восемьдесят»
"you and me, we will grow just as old as him"
«ты и я, мы станем такими же старыми, как он»
"and we will do our exercises"
"и мы будем делать наши упражнения"
"and we will fast, and we will meditate"
«и мы будем поститься, и мы будем медитировать»
"But we will not reach the nirvana"

«Но мы не достигнем нирваны»
"he won't reach nirvana and we won't"
«он не достигнет нирваны, и мы не достигнем»
"there are uncountable Samanas out there"
«там бесчисленное множество саманов»
"perhaps not a single one will reach the nirvana"
"возможно, ни один не достигнет нирваны"
"We find comfort, we find numbness, we learn feats"
«Мы находим утешение, мы находим оцепенение, мы учимся подвигам»
"we learn these things to deceive others"
«мы учимся этим вещам, чтобы обманывать других»
"But the most important thing, the path of paths, we will not find"
«Но самого главного, пути путей, мы не найдем»
Spoke Govinda "If you only wouldn't speak such terrible words, Siddhartha!"
Говинда сказал: «Если бы ты только не говорил таких ужасных слов, Сиддхартха!»
"there are so many learned men"
"есть так много ученых людей"
"how could not one of them not find the path of paths?"
«как же никто из них не мог найти путь путей?»
"how can so many Brahmans not find it?"
«Как так много брахманов могут не найти его?»
"how can so many austere and venerable Samanas not find it?"
«как же столько строгих и почтенных саманов не могут найти его?»
"how can all those who are searching not find it?"
«как могут все те, кто ищет, не найти?»
"how can the holy men not find it?"
«как святые люди могут не найти его?»
But Siddhartha spoke with as much sadness as mockery
Но Сиддхартха говорил с такой же грустью, как и с насмешкой.

he spoke with a quiet, a slightly sad, a slightly mocking voice
он говорил тихим, немного грустным, немного насмешливым голосом
"Soon, Govinda, your friend will leave the path of the Samanas"
«Скоро, Говинда, твой друг оставит путь саманов».
"he has walked along your side for so long"
«Он так долго ходил рядом с тобой»
"I'm suffering of thirst"
«Я страдаю от жажды»
"on this long path of a Samana, my thirst has remained as strong as ever"
«На этом долгом пути самана моя жажда осталась такой же сильной, как и прежде»
"I always thirsted for knowledge"
«Я всегда жаждал знаний»
"I have always been full of questions"
«У меня всегда было полно вопросов»
"I have asked the Brahmans, year after year"
«Я спрашивал брахманов год за годом»
"and I have asked the holy Vedas, year after year"
«И я спрашивал святые Веды год за годом»
"and I have asked the devoted Samanas, year after year"
«И я спрашивал преданных саманов год за годом»
"perhaps I could have learned it from the hornbill bird"
«возможно, я мог бы узнать это от птицы-носорога»
"perhaps I should have asked the chimpanzee"
«возможно, мне стоило спросить шимпанзе»
"It took me a long time"
«Мне потребовалось много времени»
"and I am not finished learning this yet"
"и я еще не закончил это изучать"
"oh Govinda, I have learned that there is nothing to be learned!"
«О Говинда, я понял, что учиться нечему!»

"There is indeed no such thing as learning"
«На самом деле нет такого понятия, как обучение»
"There is just one knowledge"
«Есть только одно знание»
"this knowledge is everywhere, this is Atman"
«Это знание повсюду, это Атман»
"this knowledge is within me and within you"
«это знание внутри меня и внутри тебя»
"and this knowledge is within every creature"
«и это знание есть внутри каждого существа»
"this knowledge has no worse enemy than the desire to know it"
«У этого знания нет худшего врага, чем желание его познать»
"that is what I believe"
«Это то, во что я верю»
At this, Govinda stopped on the path
И тут Говинда остановился на тропе.
he rose his hands, and spoke
он поднял руки и сказал
"If only you would not bother your friend with this kind of talk"
«Если бы ты только не беспокоил своего друга такими разговорами»
"Truly, your words stir up fear in my heart"
«Воистину, слова твои вселяют страх в мое сердце»
"consider, what would become of the sanctity of prayer?"
«Подумайте, что станет со святостью молитвы?»
"what would become of the venerability of the Brahmans' caste?"
«Что станет с почтением касты брахманов?»
"what would happen to the holiness of the Samanas?
«Что станет со святостью саманов?»
"What would then become of all of that is holy"
«Что тогда станет со всем этим святым»
"what would still be precious?"

«Что все еще будет ценным?»
And Govinda mumbled a verse from an Upanishad to himself
И Говинда пробормотал себе под нос стих из Упанишад.
"He who ponderingly, of a purified spirit, loses himself in the meditation of Atman"
«Тот, кто размышляет, с очищенным духом, теряет себя в медитации Атмана»
"inexpressible by words is the blissfulness of his heart"
«невыразимо словами блаженство его сердца»
But Siddhartha remained silent
Но Сиддхартха молчал.
He thought about the words which Govinda had said to him
Он думал о словах, которые сказал ему Говинда.
and he thought the words through to their end
и он продумал слова до конца
he thought about what would remain of all that which seemed holy
он думал о том, что останется от всего того, что казалось святым
What remains? What can stand the test?
Что же осталось? Что выдержит испытание?
And he shook his head
И он покачал головой.

the two young men had lived among the Samanas for about three years
двое молодых людей жили среди саманов около трех лет
some news, a rumour, a myth reached them
до них дошли какие-то новости, слухи, мифы
the rumour had been retold many times
слух пересказывался много раз
A man had appeared, Gotama by name
Появился человек по имени Готама.
the exalted one, the Buddha
возвышенный, Будда

he had overcome the suffering of the world in himself
он преодолел страдания мира в себе
and he had halted the cycle of rebirths
и он остановил цикл перерождений
He was said to wander through the land, teaching
Говорили, что он странствовал по стране, обучая
he was said to be surrounded by disciples
Говорят, что он был окружен учениками
he was said to be without possession, home, or wife
Говорили, что у него нет ни имущества, ни дома, ни жены.
he was said to be in just the yellow cloak of an ascetic
Говорят, что он был одет только в желтый плащ аскета
but he was with a cheerful brow
но он был с веселым челом
and he was said to be a man of bliss
и его называли человеком блаженства
Brahmans and princes bowed down before him
Брахманы и принцы преклонялись перед ним.
and they became his students
и они стали его учениками
This myth, this rumour, this legend resounded
Этот миф, этот слух, эта легенда разнеслись
its fragrance rose up, here and there, in the towns
его аромат поднимался то тут, то там, в городах
the Brahmans spoke of this legend
брахманы рассказывали об этой легенде
and in the forest, the Samanas spoke of it
и в лесу саманы говорили об этом
again and again, the name of Gotama the Buddha reached the ears of the young men
Снова и снова имя Готамы Будды достигало ушей молодых людей.
there was good and bad talk of Gotama
были хорошие и плохие разговоры о Готаме
some praised Gotama, others defamed him
некоторые восхваляли Готаму, другие порочили его

It was as if the plague had broken out in a country
Это было похоже на то, как будто в стране разразилась чума.
news had been spreading around that in one or another place there was a man
распространились слухи, что в том или ином месте находится человек
a wise man, a knowledgeable one
мудрый человек, знающий человек
a man whose word and breath was enough to heal everyone
человек, чьего слова и дыхания было достаточно, чтобы исцелить всех
his presence could heal anyone who had been infected with the pestilence
его присутствие могло исцелить любого, кто был заражен чумой
such news went through the land, and everyone would talk about it
такие новости разнеслись по стране, и все об этом говорили.
many believed the rumours, many doubted them
многие верили слухам, многие сомневались в них
but many got on their way as soon as possible
но многие отправились в путь как можно скорее
they went to seek the wise man, the helper
они пошли искать мудреца, помощника
the wise man of the family of Sakya
мудрец из рода Сакья
He possessed, so the believers said, the highest enlightenment
Он обладал, как говорили верующие, высшим просветлением.
he remembered his previous lives; he had reached the nirvana
он вспомнил свои предыдущие жизни; он достиг нирваны
and he never returned into the cycle

и он больше не возвращался в цикл
he was never again submerged in the murky river of physical forms
он больше никогда не погружался в мутную реку физических форм
Many wonderful and unbelievable things were reported of him
О нем рассказывали много чудесного и невероятного.
he had performed miracles
он творил чудеса
he had overcome the devil
он победил дьявола
he had spoken to the gods
он говорил с богами
But his enemies and disbelievers said Gotama was a vain seducer
Но его враги и неверующие говорили, что Готама был тщеславным соблазнителем.
they said he spent his days in luxury
они сказали, что он проводил свои дни в роскоши
they said he scorned the offerings
они сказали, что он презирал подношения
they said he was without learning
они сказали, что он был без обучения
they said he knew neither meditative exercises nor self-castigation
они сказали, что он не знал ни медитативных упражнений, ни самобичевания
The myth of Buddha sounded sweet
Миф о Будде звучал мило
The scent of magic flowed from these reports
От этих сообщений веяло магией.
After all, the world was sick, and life was hard to bear
В конце концов, мир был болен, и жизнь была невыносима.
and behold, here a source of relief seemed to spring forth

и вот, здесь, казалось, возник источник облегчения
here a messenger seemed to call out
здесь, казалось, посланник крикнул
comforting, mild, full of noble promises
утешительный, мягкий, полный благородных обещаний
Everywhere where the rumour of Buddha was heard, the young men listened up
Везде, где раздавался слух о Будде, молодые люди прислушивались.
everywhere in the lands of India they felt a longing
повсюду на землях Индии они чувствовали тоску
everywhere where the people searched, they felt hope
Везде, куда бы люди ни искали, они чувствовали надежду.
every pilgrim and stranger was welcome when he brought news of him
Каждый паломник и странник был желанным гостем, когда он приносил весть о нем.
the exalted one, the Sakyamuni
возвышенный, Шакьямуни
The myth had also reached the Samanas in the forest
Миф также дошел до саманов в лесу.
and Siddhartha and Govinda heard the myth too
и Сиддхартха и Говинда тоже услышали миф
slowly, drop by drop, they heard the myth
Медленно, капля за каплей, они услышали миф
every drop was laden with hope
каждая капля была наполнена надеждой
every drop was laden with doubt
каждая капля была наполнена сомнениями
They rarely talked about it
Они редко говорили об этом.
because the oldest one of the Samanas did not like this myth
потому что старейший из саманов не любил этот миф
he had heard that this alleged Buddha used to be an ascetic
он слышал, что этот предполагаемый Будда был аскетом
he heard he had lived in the forest

- 44 -

он слышал, что он жил в лесу
but he had turned back to luxury and worldly pleasures
но он вернулся к роскоши и мирским удовольствиям
and he had no high opinion of this Gotama
и он не был высокого мнения об этом Готаме

"Oh Siddhartha," Govinda spoke one day to his friend
«О Сиддхартха», — сказал однажды Говинда своему другу
"Today, I was in the village"
«Сегодня я был в деревне»
"and a Brahman invited me into his house"
«И один брахман пригласил меня в свой дом»
"and in his house, there was the son of a Brahman from Magadha"
«и в его доме был сын брахмана из Магадхи»
"he has seen the Buddha with his own eyes"
«он видел Будду своими глазами»
"and he has heard him teach"
"и он слышал, как он учил"
"Verily, this made my chest ache when I breathed"
«Поистине, от этого у меня заболела грудь, когда я дышал».
"and I thought this to myself:"
«И я подумал про себя:»
"if only we heard the teachings from the mouth of this perfected man!"
«Если бы мы только услышали учение из уст этого совершенного человека!»
"Speak, friend, wouldn't we want to go there too"
«Говори, друг, не хотим ли мы тоже туда пойти?»
"wouldn't it be good to listen to the teachings from the Buddha's mouth?"
«Разве не было бы хорошо послушать учения из уст Будды?»
Spoke Siddhartha, "I had thought you would stay with the Samanas"

Сиддхартха сказал: «Я думал, ты останешься с саманами».
"I always had believed your goal was to live to be seventy"
«Я всегда верил, что твоя цель — дожить до семидесяти»
"I thought you would keep practising those feats and exercises"
«Я думал, ты продолжишь практиковать эти трюки и упражнения»
"and I thought you would become a Samana"
"а я думала ты станешь саманой"
"But behold, I had not known Govinda well enough"
«Но вот, я недостаточно хорошо знал Говинду».
"I knew little of his heart"
«Я мало знал о его сердце»
"So now you want to take a new path"
«Итак, теперь вы хотите пойти по новому пути»
"and you want to go there where the Buddha spreads his teachings"
«и вы хотите пойти туда, где Будда распространяет свое учение»
Spoke Govinda, "You're mocking me"
Говинда сказал: «Ты издеваешься надо мной».
"Mock me if you like, Siddhartha!"
«Издевайся надо мной, если хочешь, Сиддхартха!»
"But have you not also developed a desire to hear these teachings?"
«Но разве у тебя не возникло желания услышать эти учения?»
"have you not said you would not walk the path of the Samanas for much longer?"
«Разве ты не говорил, что не собираешься долго идти по пути саманов?»
At this, Siddhartha laughed in his very own manner
При этих словах Сиддхартха рассмеялся в своей собственной манере.
the manner in which his voice assumed a touch of sadness
манера, в которой его голос приобрел оттенок грусти

but it still had that touch of mockery
но в нем все еще был оттенок насмешки
Spoke Siddhartha, "Govinda, you've spoken well"
Сиддхартха сказал: «Говинда, ты хорошо сказал».
"you've remembered correctly what I said"
«Вы правильно запомнили, что я сказал»
"If only you remembered the other thing you've heard from me"
«Если бы ты только вспомнил, что ты еще от меня слышал»
"I have grown distrustful and tired against teachings and learning"
«Я стал недоверчивым и устал от учений и обучения»
"my faith in words, which are brought to us by teachers, is small"
«моя вера в слова, которые нам передают учителя, мала»
"But let's do it, my dear"
«Но давай сделаем это, моя дорогая»
"I am willing to listen to these teachings"
«Я готов слушать эти учения»
"though in my heart I do not have hope"
«хотя в сердце моем нет надежды»
"I believe that we've already tasted the best fruit of these teachings"
«Я считаю, что мы уже вкусили лучшие плоды этих учений»
Spoke Govinda, "Your willingness delights my heart"
Говинда сказал: «Твоя готовность радует мое сердце».
"But tell me, how should this be possible?"
«Но скажите мне, как это возможно?»
"How can the Gotama's teachings have already revealed their best fruit to us?"
«Как учение Готамы уже раскрыло нам свои лучшие плоды?»
"we have not heard his words yet"
«мы еще не слышали его слов»

Spoke Siddhartha, "Let us eat this fruit"
Сиддхартха сказал: «Давайте съедим этот плод».
"and let us wait for the rest, oh Govinda!"
«И подождем остальных, о Говинда!»
"But this fruit consists in him calling us away from the Samanas"
«Но этот плод состоит в том, что он зовет нас от саманов».
"and we have already received it thanks to the Gotama!"
«и мы уже получили это благодаря Готаме!»
"Whether he has more, let us await with calm hearts"
«Будем ли мы ждать со спокойным сердцем, если у него будет еще что-то»

On this very same day Siddhartha spoke to the oldest Samana
В этот же день Сиддхартха говорил со старейшим саманом
he told him of his decision to leaves the Samanas
он рассказал ему о своем решении покинуть саманы
he informed the oldest one with courtesy and modesty
он сообщил старшему с вежливостью и скромностью
but the Samana became angry that the two young men wanted to leave him
но самана рассердился, что двое молодых людей хотели оставить его
and he talked loudly and used crude words
и он говорил громко и использовал грубые слова
Govinda was startled and became embarrassed
Говинда был поражен и смутился.
But Siddhartha put his mouth close to Govinda's ear
Но Сиддхартха приблизил свой рот к уху Говинды
"Now, I want to show the old man what I've learned from him"
«Теперь я хочу показать старику, чему я у него научился»
Siddhartha positioned himself closely in front of the Samana
Сиддхартха расположился вплотную перед саманой

with a concentrated soul, he captured the old man's glance
сосредоточенно, он поймал взгляд старика
he deprived him of his power and made him mute
он лишил его силы и сделал немым
he took away his free will
он отнял у него свободу воли
he subdued him under his own will, and commanded him
он подчинил его своей воле и повелел ему
his eyes became motionless, and his will was paralysed
его глаза стали неподвижными, а воля парализованной.
his arms were hanging down without power
его руки висели бессильно
he had fallen victim to Siddhartha's spell
он пал жертвой чар Сиддхартхи
Siddhartha's thoughts brought the Samana under their control
Мысли Сиддхартхи взяли Саману под свой контроль.
he had to carry out what they commanded
он должен был выполнить то, что они приказали
And thus, the old man made several bows
И вот старик сделал несколько поклонов.
he performed gestures of blessing
он совершил жесты благословения
he spoke stammeringly a godly wish for a good journey
он запинаясь произнес благочестивое пожелание доброго пути
the young men returned the good wishes with thanks
молодые люди ответили благодарностью на добрые пожелания
they went on their way with salutations
они продолжили свой путь, поприветствовав
On the way, Govinda spoke again
По дороге Говинда снова заговорил:
"Oh Siddhartha, you have learned more from the Samanas than I knew"
«О Сиддхартха, ты узнал от саманов больше, чем я знал».

"It is very hard to cast a spell on an old Samana"
«Очень трудно наложить заклятие на старого самана»
"Truly, if you had stayed there, you would soon have learned to walk on water"
«Воистину, если бы ты остался там, ты бы скоро научился ходить по воде»
"I do not seek to walk on water" said Siddhartha
«Я не стремлюсь ходить по воде», — сказал Сиддхартха.
"Let old Samanas be content with such feats!"
«Пусть старый Саманас довольствуется такими подвигами!»

Gotama
Готама

In Savathi, every child knew the name of the exalted Buddha
В Савати каждый ребенок знал имя возвышенного Будды.
every house was prepared for his coming
каждый дом был приготовлен к его пришествию
each house filled the alms-dishes of Gotama's disciples
каждый дом наполнился чашами для подаяний учеников Готамы
Gotama's disciples were the silently begging ones
Ученики Готамы были молчаливо молящими
Near the town was Gotama's favourite place to stay
Рядом с городом было любимое место отдыха Готамы.
he stayed in the garden of Jetavana
он остался в саду Джетавана
the rich merchant Anathapindika had given the garden to Gotama
богатый торговец Анатхапиндика подарил сад Готаме
he had given it to him as a gift
он дал ему это в подарок
he was an obedient worshipper of the exalted one
он был послушным поклонником возвышенного
the two young ascetics had received tales and answers
два молодых аскета получили рассказы и ответы
all these tales and answers pointed them to Gotama's abode
все эти рассказы и ответы указали им на обитель Готамы
they arrived in the town of Savathi
они прибыли в город Савати
they went to the very first door of the town
они пошли к самой первой двери города
and they begged for food at the door
и они просили еду у двери
a woman offered them food
женщина предложила им еду

and they accepted the food
и они приняли пищу
Siddhartha asked the woman
Сиддхартха спросил женщину:
"oh charitable one, where does the Buddha dwell?"
«О милосердный, где обитает Будда?»
"we are two Samanas from the forest"
«Мы две саманы из леса»
"we have come to see the perfected one"
«мы пришли увидеть совершенство»
"we have come to hear the teachings from his mouth"
«мы пришли услышать учение из его уст»
Spoke the woman, "you Samanas from the forest"
Женщина сказала: «Вы, саманы из леса»
"you have truly come to the right place"
«Вы действительно попали по адресу»
"you should know, in Jetavana, there is the garden of Anathapindika"
«Вы должны знать, что в Джетавана есть сад Анатхапиндики»
"that is where the exalted one dwells"
«там обитает возвышенный»
"there you pilgrims shall spend the night"
«там вы, паломники, проведете ночь»
"there is enough space for the innumerable, who flock here"
«Здесь достаточно места для бесчисленных, которые стекаются сюда»
"they too come to hear the teachings from his mouth"
«они тоже приходят, чтобы услышать учение из его уст»
This made Govinda happy, and full of joy
Это сделало Говинду счастливым и полным радости.
he exclaimed, "we have reached our destination"
он воскликнул: «Мы достигли нашей цели»
"our path has come to an end!"
«наш путь подошел к концу!»
"But tell us, oh mother of the pilgrims"

«Но скажи нам, о мать паломников»
"do you know him, the Buddha?"
«Ты знаешь его, Будду?»
"have you seen him with your own eyes?"
«Вы видели его своими глазами?»
Spoke the woman, "Many times I have seen him, the exalted one"
Женщина сказала: «Много раз я видела его, возвышенного».
"On many days I have seen him"
«Я видел его много дней»
"I have seen him walking through the alleys in silence"
«Я видел, как он молча шел по переулкам».
"I have seen him wearing his yellow cloak"
«Я видел его в желтом плаще».
"I have seen him presenting his alms-dish in silence"
«Я видел, как он молча подавал свою чашу для подаяний»
"I have seen him at the doors of the houses"
«Я видел его у дверей домов»
"and I have seen him leaving with a filled dish"
«И я видел, как он уходил с полным блюдом»
Delightedly, Govinda listened to the woman
Говинда с восторгом выслушал женщину.
and he wanted to ask and hear much more
и он хотел спросить и услышать гораздо больше
But Siddhartha urged him to walk on
Но Сиддхартха убедил его идти дальше.
They thanked the woman and left
Они поблагодарили женщину и ушли.
they hardly had to ask for directions
им едва ли приходилось спрашивать дорогу
many pilgrims and monks were on their way to the Jetavana
многие паломники и монахи направлялись в Джетавана
they reached it at night, so there were constant arrivals
они прибывали туда ночью, поэтому прибытие было постоянным

and those who sought shelter got it
и те, кто искал убежища, получили его
The two Samanas were accustomed to life in the forest
Двое саманов привыкли к жизни в лесу.
so without making any noise they quickly found a place to stay
поэтому, не производя ни звука, они быстро нашли место для ночлега.
and they rested there until the morning
и они отдыхали там до утра

At sunrise, they saw with astonishment the size of the crowd
На восходе солнца они с удивлением увидели размер толпы.
a great many number of believers had come
пришло очень много верующих
and a great number of curious people had spent the night here
и множество любопытных людей провели здесь ночь
On all paths of the marvellous garden, monks walked in yellow robes
По всем дорожкам чудесного сада ходили монахи в желтых одеждах.
under the trees they sat here and there, in deep contemplation
Под деревьями они сидели тут и там, в глубоком раздумье.
or they were in a conversation about spiritual matters
или они беседовали о духовных вопросах
the shady gardens looked like a city
тенистые сады выглядели как город
a city full of people, bustling like bees
город, полный людей, суетящихся как пчелы
The majority of the monks went out with their alms-dish
Большинство монахов вышли со своими чашами для подаяния.
they went out to collect food for their lunch

они вышли, чтобы собрать еду на обед
this would be their only meal of the day
это будет их единственный прием пищи за день
The Buddha himself, the enlightened one, also begged in the mornings
Сам Будда, просветленный, также просил милостыню по утрам
Siddhartha saw him, and he instantly recognised him
Сиддхартха увидел его и сразу узнал.
he recognised him as if a God had pointed him out
он узнал его, как будто Бог указал на него
He saw him, a simple man in a yellow robe
Он увидел его, простого человека в желтой мантии.
he was bearing the alms-dish in his hand, walking silently
он нес в руке чашу для подаяний, шел молча
"Look here!" Siddhartha said quietly to Govinda
«Послушай!» — тихо сказал Сиддхартха Говинде.
"This one is the Buddha"
«Это Будда»
Attentively, Govinda looked at the monk in the yellow robe
Говинда внимательно посмотрел на монаха в желтом одеянии.
this monk seemed to be in no way different from any of the others
этот монах, казалось, ничем не отличался от других
but soon, Govinda also realized that this is the one
но вскоре Говинда также понял, что это тот самый
And they followed him and observed him
И они следовали за Ним и наблюдали за Ним.
The Buddha went on his way, modestly and deep in his thoughts
Будда продолжил свой путь, скромно и глубоко погруженный в свои мысли.
his calm face was neither happy nor sad
его спокойное лицо не было ни радостным, ни грустным
his face seemed to smile quietly and inwardly

его лицо, казалось, тихо и внутренне улыбалось
his smile was hidden, quiet and calm
его улыбка была скрытой, тихой и спокойной
the way the Buddha walked somewhat resembled a healthy child
походка Будды чем-то напоминала походку здорового ребенка
he walked just as all of his monks did
он ходил так же, как и все его монахи
he placed his feet according to a precise rule
он ставил ноги согласно точному правилу
his face and his walk, his quietly lowered glance
его лицо и его походка, его тихо опущенный взгляд
his quietly dangling hand, every finger of it
его тихо свисающая рука, каждый ее палец
all these things expressed peace
все эти вещи выражали мир
all these things expressed perfection
все эти вещи выражали совершенство
he did not search, nor did he imitate
он не искал и не подражал
he softly breathed inwardly an unwhithering calm
он тихонько вдохнул внутрь себя неувядающее спокойствие
he shone outwardly an unwhithering light
он излучал снаружи немеркнущий свет
he had about him an untouchable peace
он имел вокруг себя неприкосновенный покой
the two Samanas recognised him solely by the perfection of his calm
два самана узнали его только по совершенству его спокойствия
they recognized him by the quietness of his appearance
они узнали его по его тихому виду
the quietness in his appearance in which there was no searching

тишина в его внешности, в которой не было никакого поиска
there was no desire, nor imitation
не было ни желания, ни подражания
there was no effort to be seen
не было никаких усилий, чтобы быть замеченным
only light and peace was to be seen in his appearance
только свет и мир можно было увидеть в его облике
"Today, we'll hear the teachings from his mouth" said Govinda
«Сегодня мы услышим учение из его уст», — сказал Говинда.
Siddhartha did not answer
Сиддхартха не ответил
He felt little curiosity for the teachings
Он не испытывал особого интереса к учению
he did not believe that they would teach him anything new
он не верил, что они научат его чему-то новому
he had heard the contents of this Buddha's teachings again and again
он слышал содержание учений этого Будды снова и снова
but these reports only represented second hand information
но эти отчеты представляли собой лишь информацию из вторых рук
But attentively he looked at Gotama's head
Но он внимательно посмотрел на голову Готамы.
his shoulders, his feet, his quietly dangling hand
его плечи, его ноги, его тихо свисающая рука
it was as if every finger of this hand was of these teachings
как будто каждый палец этой руки был из этих учений
his fingers spoke of truth
его пальцы говорили правду
his fingers breathed and exhaled the fragrance of truth
его пальцы дышали и выдыхали аромат истины
his fingers glistened with truth
его пальцы блестели от правды

this Buddha was truthful down to the gesture of his last finger
этот Будда был правдив вплоть до жеста своего последнего пальца
Siddhartha could see that this man was holy
Сиддхартха мог видеть, что этот человек был святым
Never before, Siddhartha had venerated a person so much
Никогда прежде Сиддхартха не почитал человека так сильно.
he had never before loved a person as much as this one
он никогда прежде не любил человека так сильно, как этого
They both followed the Buddha until they reached the town
Они оба следовали за Буддой, пока не достигли города.
and then they returned to their silence
а затем они вернулись к своей тишине
they themselves intended to abstain on this day
они сами намеревались воздержаться в этот день
They saw Gotama returning the food that had been given to him
Они увидели, как Готама вернул еду, которую ему дали.
what he ate could not even have satisfied a bird's appetite
то, что он съел, не могло бы удовлетворить аппетит даже птицы
and they saw him retiring into the shade of the mango-trees
и они увидели, как он удалился в тень манговых деревьев

in the evening the heat had cooled down
к вечеру жара спала
everyone in the camp started to bustle about and gathered around
все в лагере засуетились и собрались вокруг
they heard the Buddha teaching, and his voice
они услышали учение Будды и его голос
and his voice was also perfected
и его голос также был усовершенствован

his voice was of perfect calmness
его голос был совершенно спокоен
his voice was full of peace
его голос был полон мира
Gotama taught the teachings of suffering
Готама учил учениям о страдании
he taught of the origin of suffering
он учил о происхождении страдания
he taught of the way to relieve suffering
он учил, как облегчить страдания
Calmly and clearly his quiet speech flowed on
Спокойно и ясно лилась его тихая речь.
Suffering was life, and full of suffering was the world
Страдание было жизнью, и мир был полон страданий.
but salvation from suffering had been found
но спасение от страданий было найдено
salvation was obtained by him who would walk the path of the Buddha
Спасение обретет тот, кто пойдет по пути Будды.
With a soft, yet firm voice the exalted one spoke
Мягким, но твердым голосом возвышенный говорил:
he taught the four main doctrines
он учил четырем основным доктринам
he taught the eight-fold path
он учил восьмеричному пути
patiently he went the usual path of the teachings
терпеливо он шёл обычным путём учения
his teachings contained the examples
его учения содержали примеры
his teaching made use of the repetitions
его преподавание использовало повторения
brightly and quietly his voice hovered over the listeners
ярко и тихо его голос парил над слушателями
his voice was like a light
его голос был как свет
his voice was like a starry sky

его голос был как звездное небо
When the Buddha ended his speech, many pilgrims stepped forward
Когда Будда закончил свою речь, многие паломники вышли вперед
they asked to be accepted into the community
они попросили принять их в сообщество
they sought refuge in the teachings
они искали убежища в учениях
And Gotama accepted them by speaking
И Готама принял их, сказав:
"You have heard the teachings well"
«Вы хорошо слышали учения»
"join us and walk in holiness"
«Присоединяйтесь к нам и ходите в святости»
"put an end to all suffering"
«положить конец всем страданиям»
Behold, then Govinda, the shy one, also stepped forward and spoke
И вот, тогда Говинда, застенчивый, тоже выступил вперед и заговорил:
"I also take my refuge in the exalted one and his teachings"
«Я также нахожу прибежище в Возвышенном и его учениях»
and he asked to be accepted into the community of his disciples
и он попросил принять его в сообщество его учеников
and he was accepted into the community of Gotama's disciples
и он был принят в общину учеников Готамы

the Buddha had retired for the night
Будда удалился на ночь
Govinda turned to Siddhartha and spoke eagerly
Говинда повернулся к Сиддхартхе и с жаром заговорил:
"Siddhartha, it is not my place to scold you"

«Сиддхартха, не мне тебя ругать»
"We have both heard the exalted one"
«Мы оба слышали возвышенного»
"we have both perceived the teachings"
«мы оба восприняли учение»
"Govinda has heard the teachings"
«Говинда услышал учение»
"he has taken refuge in the teachings"
«он нашел прибежище в учениях»
"But, my honoured friend, I must ask you"
«Но, мой почтенный друг, я должен спросить вас»
"don't you also want to walk the path of salvation?"
«Разве ты не хочешь также идти путем спасения?»
"Would you want to hesitate?"
«Вы хотели бы колебаться?»
"do you want to wait any longer?"
«Вы хотите подождать еще?»
Siddhartha awakened as if he had been asleep
Сиддхартха проснулся, как будто он спал
For a long time, he looked into Govinda's face
Он долго смотрел в лицо Говинды.
Then he spoke quietly, in a voice without mockery
Затем он заговорил тихо, голосом без насмешки:
"Govinda, my friend, now you have taken this step"
«Говинда, мой друг, теперь ты сделал этот шаг»
"now you have chosen this path"
«теперь ты выбрал этот путь»
"Always, oh Govinda, you've been my friend"
«О Говинда, ты всегда был моим другом»
"you've always walked one step behind me"
«Ты всегда шёл на шаг позади меня»
"Often I have thought about you"
«Я часто думал о тебе»
"'Won't Govinda for once also take a step by himself'"
«Не сделает ли Говинда хоть один шаг сам?»
"'won't Govinda take a step without me?'"

«Неужели Говинда не сделает и шага без меня?»
"'won't he take a step driven by his own soul?'"
«Не сделает ли он шаг, движимый собственной душой?»
"Behold, now you've turned into a man"
«Вот, ты стал человеком»
"you are choosing your path for yourself"
«ты сам выбираешь свой путь»
"I wish that you would go it up to its end"
«Я хочу, чтобы ты довел это дело до конца»
"oh my friend, I hope that you shall find salvation!"
«О, мой друг, я надеюсь, что ты найдешь спасение!»
Govinda, did not completely understand it yet
Говинда, пока не совсем понял
he repeated his question in an impatient tone
он повторил свой вопрос нетерпеливым тоном
"Speak up, I beg you, my dear!"
«Говори, умоляю тебя, дорогая!»
"Tell me, since it could not be any other way"
«Скажи мне, ведь иначе и быть не могло»
"won't you also take your refuge with the exalted Buddha?"
«Не примешь ли ты также прибежище у возвышенного Будды?»
Siddhartha placed his hand on Govinda's shoulder
Сиддхартха положил руку на плечо Говинды
"You failed to hear my good wish for you"
«Ты не услышал моего доброго пожелания тебе».
"I'm repeating my wish for you"
«Я повторяю тебе свое желание»
"I wish that you would go this path"
«Я хочу, чтобы ты пошёл по этому пути»
"I wish that you would go up to this path's end"
«Я хочу, чтобы ты дошел до конца этого пути»
"I wish that you shall find salvation!"
«Я желаю, чтобы ты нашел спасение!»
In this moment, Govinda realized that his friend had left him

В этот момент Говинда понял, что его друг оставил его.
when he realized this he started to weep
когда он это понял, он начал плакать
"Siddhartha!" he exclaimed lamentingly
«Сиддхартха!» — воскликнул он с сожалением.
Siddhartha kindly spoke to him
Сиддхартха любезно поговорил с ним
"don't forget, Govinda, who you are"
«не забывай, Говинда, кто ты»
"you are now one of the Samanas of the Buddha"
«Теперь ты один из саманов Будды»
"You have renounced your home and your parents"
«Ты отрекся от своего дома и своих родителей»
"you have renounced your birth and possessions"
«ты отказался от своего рождения и имущества»
"you have renounced your free will"
«ты отказался от своей свободной воли»
"you have renounced all friendship"
«ты отказался от всякой дружбы»
"This is what the teachings require"
«Это то, чего требуют учения»
"this is what the exalted one wants"
«Это то, чего хочет возвышенный»
"This is what you wanted for yourself"
«Это то, чего ты хотел для себя»
"Tomorrow, oh Govinda, I will leave you"
«Завтра, о Говинда, я покину тебя»
For a long time, the friends continued walking in the garden
Друзья долго гуляли по саду.
for a long time, they lay there and found no sleep
долго они лежали там и не находили сна
And over and over again, Govinda urged his friend
И снова и снова Говинда убеждал своего друга
"why would you not want to seek refuge in Gotama's teachings?"
«почему бы вам не искать прибежища в учении Готамы?»

"what fault could you find in these teachings?"
«Какую ошибку вы могли бы найти в этих учениях?»
But Siddhartha turned away from his friend
Но Сиддхартха отвернулся от своего друга
every time he said, "Be content, Govinda!"
каждый раз он говорил: «Будь доволен, Говинда!»
"Very good are the teachings of the exalted one"
«Весьма хороши учения Возвышенного»
"how could I find a fault in his teachings?"
«как я могу найти ошибку в его учении?»

it was very early in the morning
было очень раннее утро
one of the oldest monks went through the garden
один из старейших монахов прошел через сад
he called to those who had taken their refuge in the teachings
он призвал тех, кто нашел прибежище в учении
he called them to dress them up in the yellow robe
он позвал их, чтобы нарядить их в желтые одежды
and he instruct them in the first teachings and duties of their position
и он наставляет их в первых учениях и обязанностях их положения
Govinda once again embraced his childhood friend
Говинда снова обнял своего друга детства
and then he left with the novices
а затем он ушел с новичками
But Siddhartha walked through the garden, lost in thought
Но Сиддхартха шел по саду, погруженный в свои мысли.
Then he happened to meet Gotama, the exalted one
Затем он случайно встретил Готаму, возвышенного
he greeted him with respect
он приветствовал его с уважением
the Buddha's glance was full of kindness and calm
Взгляд Будды был полон доброты и спокойствия.

the young man summoned his courage
молодой человек призвал на помощь свое мужество
he asked the venerable one for the permission to talk to him
он попросил у достопочтенного разрешения поговорить с ним
Silently, the exalted one nodded his approval
Молча, возвышенный кивнул в знак одобрения.
Spoke Siddhartha, "Yesterday, oh exalted one"
Сиддхартха сказал: «Вчера, о возвышенный»
"I had been privileged to hear your wondrous teachings"
«Мне выпала честь услышать ваши чудесные учения»
"Together with my friend, I had come from afar, to hear your teachings"
«Вместе с моим другом я пришел издалека, чтобы услышать ваши учения»
"And now my friend is going to stay with your people"
«А теперь мой друг останется с вашим народом»
"he has taken his refuge with you"
«Он нашел убежище у тебя»
"But I will again start on my pilgrimage"
«Но я снова начну свое паломничество»
"As you please," the venerable one spoke politely
«Как вам будет угодно», — вежливо сказал почтенный.
"Too bold is my speech," Siddhartha continued
«Слишком смела моя речь», — продолжал Сиддхартха.
but I do not want to leave the exalted on this note
"но я не хочу оставлять возвышенное на этой ноте"
"I want to share with the most venerable one my honest thoughts"
«Я хочу поделиться с достопочтенным своими честными мыслями»
"Does it please the venerable one to listen for one moment longer?"
«Достопочтенный не захочет послушать еще хоть одно мгновение?»
Silently, the Buddha nodded his approval

Будда молча кивнул в знак одобрения.
Spoke Siddhartha, "oh most venerable one"
Сказал Сиддхартха: «О, достопочтенный»
"there is one thing I have admired in your teachings most of all"
«Есть одна вещь, которая меня больше всего восхищает в ваших учениях»
"Everything in your teachings is perfectly clear"
«В ваших учениях все предельно ясно»
"what you speak of is proven"
«то, о чем вы говорите, доказано»
"you are presenting the world as a perfect chain"
«Вы представляете мир как идеальную цепь»
"a chain which is never and nowhere broken"
«цепь, которая никогда и нигде не прерывается»
"an eternal chain the links of which are causes and effects"
«вечная цепь, звеньями которой являются причины и следствия»
"Never before, has this been seen so clearly"
«Никогда еще это не было видно так ясно»
"never before, has this been presented so irrefutably"
«никогда еще это не было представлено столь неопровержимо»
"truly, the heart of every Brahman has to beat stronger with love"
«Воистину, сердце каждого брахмана должно биться сильнее от любви»
"he has seen the world through your perfectly connected teachings"
«он увидел мир через ваши прекрасно связанные учения»
"without gaps, clear as a crystal"
«без пробелов, чистый как кристалл»
"not depending on chance, not depending on Gods"
«не полагаясь на случай, не полагаясь на Богов»
"he has to accept it whether it may be good or bad"

«он должен принять это, независимо от того, хорошо это или плохо»
"he has to live by it whether it would be suffering or joy"
«он должен жить этим, независимо от того, будет ли это страданием или радостью»
"but I do not wish to discuss the uniformity of the world"
«но я не хочу обсуждать однородность мира»
"it is possible that this is not essential"
«возможно, это не существенно»
"everything which happens is connected"
«все, что происходит, связано»
"the great and the small things are all encompassed"
«великое и малое — все охвачено»
"they are connected by the same forces of time"
«они связаны одними и теми же силами времени»
"they are connected by the same law of causes"
«они связаны одним и тем же законом причин»
"the causes of coming into being and of dying"
"причины возникновения и смерти"
"this is what shines brightly out of your exalted teachings"
«Вот что ярко сияет в ваших возвышенных учениях»
"But, according to your very own teachings, there is a small gap"
«Но, согласно вашим собственным учениям, есть небольшой разрыв».
"this unity and necessary sequence of all things is broken in one place"
«это единство и необходимая последовательность всех вещей нарушены в одном месте»
"this world of unity is invaded by something alien"
«в этот мир единства вторглось что-то чуждое»
"there is something new, which had not been there before"
«появилось что-то новое, чего раньше не было»
"there is something which cannot be demonstrated"
«есть что-то, что нельзя продемонстрировать»
"there is something which cannot be proven"

«есть нечто, что невозможно доказать»
"these are your teachings of overcoming the world"
«Это ваши учения о победе над миром»
"these are your teachings of salvation"
«Это ваши учения о спасении»
"But with this small gap, the eternal breaks apart again"
«Но с этим маленьким разрывом вечность снова распадается»
"with this small breach, the law of the world becomes void"
«с этим небольшим нарушением закон мира становится недействительным»
"Please forgive me for expressing this objection"
«Прошу прощения за то, что высказал это возражение»
Quietly, Gotama had listened to him, unmoved
Готама молча слушал его, не тронутый
Now he spoke, the perfected one, with his kind and polite clear voice
Теперь он говорил, совершенный, своим добрым и вежливым чистым голосом.
"You've heard the teachings, oh son of a Brahman"
«Ты услышал учение, о сын брахмана»
"and good for you that you've thought about it this deeply"
"и хорошо, что ты так глубоко об этом задумался"
"You've found a gap in my teachings, an error"
«Вы нашли пробел в моем учении, ошибку»
"You should think about this further"
«Вам следует подумать об этом подробнее»
"But be warned, oh seeker of knowledge, of the thicket of opinions"
«Но будь осторожен, о искатель знаний, в дебрях мнений»
"be warned of arguing about words"
«будьте осторожны, споря о словах»
"There is nothing to opinions"
«Мнения не имеют значения»
"they may be beautiful or ugly"
«они могут быть красивыми или уродливыми»

"opinions may be smart or foolish"
«мнения могут быть умными или глупыми»
"everyone can support opinions, or discard them"
«каждый может поддерживать мнения или отвергать их»
"But the teachings, you've heard from me, are no opinion"
«Но учения, которые вы от меня услышали, — это не мнение».
"their goal is not to explain the world to those who seek knowledge"
«их цель не в том, чтобы объяснять мир тем, кто ищет знания»
"They have a different goal"
«У них другая цель»
"their goal is salvation from suffering"
«их цель — спасение от страданий»
"This is what Gotama teaches, nothing else"
«Это то, чему учит Готама, и ничего больше»
"I wish that you, oh exalted one, would not be angry with me" said the young man
«Я хотел бы, чтобы ты, о возвышенный, не сердился на меня», — сказал юноша.
"I have not spoken to you like this to argue with you"
«Я не для того говорил с тобой, чтобы спорить».
"I do not wish to argue about words"
«Я не хочу спорить о словах»
"You are truly right, there is little to opinions"
«Вы действительно правы, мнения не имеют большого значения»
"But let me say one more thing"
«Но позвольте мне сказать еще одну вещь»
"I have not doubted in you for a single moment"
«Я ни на мгновение не усомнился в тебе»
"I have not doubted for a single moment that you are Buddha"
«Я ни на мгновение не усомнился в том, что ты Будда»
"I have not doubted that you have reached the highest goal"

«Я не сомневался, что ты достиг высшей цели»
"the highest goal towards which so many Brahmans are on their way"
«высшая цель, к которой стремятся многие брахманы»
"You have found salvation from death"
«Ты нашел спасение от смерти»
"It has come to you in the course of your own search"
«Оно пришло к вам в ходе ваших собственных поисков»
"it has come to you on your own path"
«Оно пришло к тебе на твоем собственном пути»
"it has come to you through thoughts and meditation"
«это пришло к вам через мысли и медитацию»
"it has come to you through realizations and enlightenment"
«Оно пришло к вам через осознание и просветление»
"but it has not come to you by means of teachings!"
«но это не пришло к вам посредством учения!»
"And this is my thought"
«И это моя мысль»
"nobody will obtain salvation by means of teachings!"
«никто не обретет спасения посредством учения!»
"You will not be able to convey your hour of enlightenment"
«Ты не сможешь передать свой час просветления»
"words of what has happened to you won't convey the moment!"
«Слова того, что с тобой произошло, не передадут тот момент!»
"The teachings of the enlightened Buddha contain much"
«Учения просветленного Будды содержат многое»
"it teaches many to live righteously"
«она учит многих жить праведно»
"it teaches many to avoid evil"
«она учит многих избегать зла»
"But there is one thing which these teachings do not contain"
«Но есть одна вещь, которую эти учения не содержат»
"they are clear and venerable, but the teachings miss something"

«Они ясны и достойны уважения, но в учениях чего-то не хватает»
"the teachings do not contain the mystery"
«учения не содержат тайны»
"the mystery of what the exalted one has experienced for himself"
«тайна того, что испытал сам возвышенный»
"among hundreds of thousands, only he experienced it"
«среди сотен тысяч только он испытал это»
"This is what I have thought and realized, when I heard the teachings"
«Вот что я подумал и понял, когда услышал учение»
"This is why I am continuing my travels"
«Вот почему я продолжаю свои путешествия»
"this is why I do not to seek other, better teachings"
«Вот почему я не ищу других, лучших учений»
"I know there are no better teachings"
«Я знаю, что нет лучших учений»
"I leave to depart from all teachings and all teachers"
«Я ухожу, чтобы отойти от всех учений и всех учителей»
"I leave to reach my goal by myself, or to die"
«Я ухожу, чтобы достичь своей цели самостоятельно или умереть»
"But often, I'll think of this day, oh exalted one"
«Но часто я буду думать об этом дне, о возвышенный»
"and I'll think of this hour, when my eyes beheld a holy man"
«И я буду думать об этом часе, когда мои глаза увидели святого человека»
The Buddha's eyes quietly looked to the ground
Глаза Будды молча смотрели в землю.
quietly, in perfect equanimity, his inscrutable face was smiling
тихо, в совершенном невозмутимости, его непроницаемое лицо улыбалось
the venerable one spoke slowly

достопочтенный говорил медленно
"I wish that your thoughts shall not be in error"
«Я хочу, чтобы твои мысли не были ошибочными»
"I wish that you shall reach the goal!"
«Желаю вам достичь цели!»
"But there is something I ask you to tell me"
«Но я прошу тебя кое-что мне сказать»
"Have you seen the multitude of my Samanas?"
«Видел ли ты множество моих саманов?»
"they have taken refuge in the teachings"
«они нашли прибежище в учениях»
"do you believe it would be better for them to abandon the teachings?"
«Вы считаете, что им лучше отказаться от учения?»
"should they to return into the world of desires?"
«Должны ли они вернуться в мир желаний?»
"Far is such a thought from my mind" exclaimed Siddhartha
«Далеко ли это от моей мысли?» — воскликнул Сиддхартха.
"I wish that they shall all stay with the teachings"
«Я хочу, чтобы они все оставались верными учению»
"I wish that they shall reach their goal!"
«Я желаю им достичь своей цели!»
"It is not my place to judge another person's life"
«Не мое дело судить жизнь другого человека»
"I can only judge my own life "
«Я могу судить только о своей жизни»
"I must decide, I must chose, I must refuse"
«Я должен решить, я должен выбрать, я должен отказаться»
"Salvation from the self is what we Samanas search for"
«Спасение от себя — вот чего мы, саманы, ищем»
"oh exalted one, if only I were one of your disciples"
«О, возвышенный, если бы я был одним из твоих учеников»
"I'd fear that it might happen to me"

«Я бы боялся, что это может случиться со мной»
"only seemingly, would my self be calm and be redeemed"
«только внешне я был бы спокоен и искуплен»
"but in truth it would live on and grow"
«но на самом деле он будет жить и расти»
"because then I would replace my self with the teachings"
«потому что тогда я заменил бы себя учением»
"my self would be my duty to follow you"
«Я сам был бы обязан следовать за тобой»
"my self would be my love for you"
«Моя любовь к тебе — это мое я»
"and my self would be the community of the monks!"
«А я был бы общиной монахов!»
With half of a smile Gotama looked into the stranger's eyes
С полуулыбкой Готама посмотрел в глаза незнакомца.
his eyes were unwaveringly open and kind
его глаза были непоколебимо открыты и добры
he bid him to leave with a hardly noticeable gesture
он велел ему уйти едва заметным жестом
"You are wise, oh Samana" the venerable one spoke
«Ты мудр, о Самана», — сказал почтенный.
"You know how to talk wisely, my friend"
«Ты умеешь мудро говорить, мой друг»
"Be aware of too much wisdom!"
«Остерегайтесь избытка мудрости!»
The Buddha turned away
Будда отвернулся
Siddhartha would never forget his glance
Сиддхартха никогда не забудет его взгляд
his half smile remained forever etched in Siddhartha's memory
его полуулыбка навсегда осталась в памяти Сиддхартхи.
Siddhartha thought to himself
Сиддхартха подумал про себя:
"I have never before seen a person glance and smile this way"

«Я никогда раньше не видел, чтобы человек так смотрел и улыбался»
"no one else sits and walks like he does"
«никто другой не сидит и не ходит так, как он»
"truly, I wish to be able to glance and smile this way"
«правда, я хотел бы иметь возможность смотреть и улыбаться таким образом»
"I wish to be able to sit and walk this way, too"
«Я тоже хочу уметь сидеть и ходить вот так»
"liberated, venerable, concealed, open, childlike and mysterious"
«освобожденный, почтенный, скрытый, открытый, детский и таинственный»
"he must have succeeded in reaching the innermost part of his self"
«Он, должно быть, сумел достичь самой сокровенной части своего «я»»
"only then can someone glance and walk this way"
«только тогда кто-то может взглянуть и пойти этим путем»
"I will also seek to reach the innermost part of my self"
«Я также буду стремиться достичь самой сокровенной части своего «я»»
"I saw a man" Siddhartha thought
«Я увидел человека», — подумал Сиддхартха.
"a single man, before whom I would have to lower my glance"
«один человек, перед которым мне пришлось бы опустить взгляд»
"I do not want to lower my glance before anyone else"
«Я не хочу опускать свой взгляд ни перед кем другим»
"No teachings will entice me more anymore"
«Никакие учения больше не будут меня так прельщать»
"because this man's teachings have not enticed me"
«потому что учения этого человека не прельстили меня»
"I am deprived by the Buddha" thought Siddhartha

«Будда лишил меня всего», — подумал Сиддхартха.
"I am deprived, although he has given so much"
«Я лишен, хотя он дал мне так много»
"he has deprived me of my friend"
«он лишил меня моего друга»
"my friend who had believed in me"
«мой друг, который верил в меня»
"my friend who now believes in him"
«мой друг, который теперь верит в него»
"my friend who had been my shadow"
«мой друг, который был моей тенью»
"and now he is Gotama's shadow"
"и теперь он тень Готамы"
"but he has given me Siddhartha"
«но он дал мне Сиддхартху»
"he has given me myself"
«Он дал мне меня самого»

Awakening
Пробуждение

Siddhartha left the mango grove behind him
Сиддхартха оставил манговую рощу позади себя.
but he felt his past life also stayed behind
но он чувствовал, что его прошлая жизнь также осталась позади
the Buddha, the perfected one, stayed behind
Будда, достигший совершенства, остался позади
and Govinda stayed behind too
и Говинда тоже остался
and his past life had parted from him
и его прошлая жизнь рассталась с ним
he pondered as he was walking slowly
он размышлял, пока медленно шел
he pondered about this sensation, which filled him completely
он размышлял об этом ощущении, которое полностью его заполнило
He pondered deeply, like diving into a deep water
Он глубоко задумался, словно нырнул в глубокую воду.
he let himself sink down to the ground of the sensation
он позволил себе опуститься на землю ощущения
he let himself sink down to the place where the causes lie
он позволил себе опуститься до того места, где лежат причины
to identify the causes is the very essence of thinking
выявить причины - это сама суть мышления
this was how it seemed to him
так ему это казалось
and by this alone, sensations turn into realizations
и только благодаря этому ощущения превращаются в осознания
and these sensations are not lost
и эти ощущения не теряются

but the sensations become entities
но ощущения становятся сущностями
and the sensations start to emit what is inside of them
и ощущения начинают излучать то, что находится внутри них
they show their truths like rays of light
они показывают свою правду как лучи света
Slowly walking along, Siddhartha pondered
Медленно идя, Сиддхартха размышлял
He realized that he was no youth any more
Он понял, что он уже не юноша.
he realized that he had turned into a man
он понял, что превратился в человека
He realized that something had left him
Он понял, что что-то оставило его
the same way a snake is left by its old skin
так же, как змея оставляет свою старую кожу
what he had throughout his youth no longer existed in him
то, что он имел в юности, больше не существовало в нем
it used to be a part of him; the wish to have teachers
это было частью его; желание иметь учителей
the wish to listen to teachings
желание слушать учения
He had also left the last teacher who had appeared on his path
Он также оставил последнего учителя, который появился на его пути.
he had even left the highest and wisest teacher
он даже оставил самого высокого и мудрого учителя
he had left the most holy one, Buddha
он оставил самого святого, Будду
he had to part with him, unable to accept his teachings
ему пришлось расстаться с ним, не в силах принять его учения
Slower, he walked along in his thoughts
Медленнее, он шел в своих мыслях

and he asked himself, "But what is this?"
и он спросил себя: «Но что это?»
"what have you sought to learn from teachings and from teachers?"
«Чему вы стремились научиться у учений и от учителей?»
"and what were they, who have taught you so much?"
«И кто они, которые научили тебя так многому?»
"what are they if they have been unable to teach you?"
«Кто они, если не смогли тебя научить?»
And he found, "It was the self"
И он обнаружил: «Это было я».
"it was the purpose and essence of which I sought to learn"
«Это была цель и суть того, что я стремился узнать»
"It was the self I wanted to free myself from"
«Это было то самое «я», от которого я хотел освободиться»
"the self which I sought to overcome"
«я, которое я стремился преодолеть»
"But I was not able to overcome it"
«Но я не смог это преодолеть»
"I could only deceive it"
«Я мог только обмануть его»
"I could only flee from it"
«Я мог только бежать от этого»
"I could only hide from it"
«Я мог только прятаться от этого»
"Truly, no thing in this world has kept my thoughts so busy"
«Поистине, ничто в этом мире не занимало мои мысли так».
"I have been kept busy by the mystery of me being alive"
«Меня занимала тайна того, что я жив»
"the mystery of me being one"
"тайна того, что я один"
"the mystery if being separated and isolated from all others"
«тайна того, что мы отделены и изолированы от всех остальных»
"the mystery of me being Siddhartha!"

«тайна того, что я Сиддхартха!»
"And there is no thing in this world I know less about"
«И нет ничего в этом мире, о чем я знал бы меньше»
he had been pondering while slowly walking along
он размышлял, медленно идя по
he stopped as these thoughts caught hold of him
он остановился, когда эти мысли захватили его
and right away another thought sprang forth from these thoughts
и тут же из этих мыслей возникла другая мысль
"there's one reason why I know nothing about myself"
«есть одна причина, по которой я ничего не знаю о себе»
"there's one reason why Siddhartha has remained alien to me"
«есть одна причина, по которой Сиддхартха остался для меня чуждым»
"all of this stems from one cause"
«все это происходит по одной причине»
"I was afraid of myself, and I was fleeing"
«Я боялся себя и бежал»
"I have searched for both Atman and Brahman"
«Я искал и Атмана, и Брахмана»
"for this I was willing to dissect my self"
«ради этого я был готов препарировать себя»
"and I was willing to peel off all of its layers"
«и я был готов снять с него все слои»
"I wanted to find the core of all peels in its unknown interior"
«Я хотел найти сердцевину всех кожур в их неизведанной глубине»
"the Atman, life, the divine part, the ultimate part"
«Атман, жизнь, божественная часть, высшая часть»
"But I have lost myself in the process"
«Но в этом процессе я потерял себя»
Siddhartha opened his eyes and looked around
Сиддхартха открыл глаза и огляделся вокруг.

looking around, a smile filled his face
оглядевшись вокруг, улыбка озарила его лицо
a feeling of awakening from long dreams flowed through him
чувство пробуждения от долгих снов охватило его
the feeling flowed from his head down to his toes
чувство распространилось от головы до пальцев ног
And it was not long before he walked again
И вскоре он снова начал ходить.
he walked quickly, like a man who knows what he has got to do
он шел быстро, как человек, который знает, что ему нужно делать
"now I will not let Siddhartha escape from me again!"
«Теперь я больше не позволю Сиддхартхе ускользнуть от меня!»
"I no longer want to begin my thoughts and my life with Atman"
«Я больше не хочу начинать свои мысли и свою жизнь с Атмана»
"nor do I want to begin my thoughts with the suffering of the world"
«и не хочу начинать свои мысли со страданий мира»
"I do not want to kill and dissect myself any longer"
«Я больше не хочу убивать и препарировать себя»
"Yoga-Veda shall not teach me anymore"
«Йога-Веда больше не будет меня учить»
"nor Atharva-Veda, nor the ascetics"
"ни Атхарваведа, ни аскеты"
"there will not be any kind of teachings"
«не будет никаких учений»
"I want to learn from myself and be my student"
«Я хочу учиться у себя и быть своим учеником»
"I want to get to know myself; the secret of Siddhartha"
«Я хочу познать себя; тайну Сиддхартхи»

He looked around, as if he was seeing the world for the first time
Он огляделся вокруг, словно впервые увидел мир.
Beautiful and colourful was the world
Прекрасен и красочен был мир
strange and mysterious was the world
странным и таинственным был мир
Here was blue, there was yellow, here was green
Здесь был синий, здесь был желтый, здесь был зеленый.
the sky and the river flowed
небо и река текли
the forest and the mountains were rigid
лес и горы были жесткими
all of the world was beautiful
весь мир был прекрасен
all of it was mysterious and magical
все это было таинственно и волшебно
and in its midst was he, Siddhartha, the awakening one
и посреди него был он, Сиддхартха, пробужденный
and he was on the path to himself
и он был на пути к себе
all this yellow and blue and river and forest entered Siddhartha
все это желтое и синее, река и лес вошли в Сиддхартху
for the first time it entered through the eyes
впервые он вошел через глаза
it was no longer a spell of Mara
это уже не было заклинанием Мары
it was no longer the veil of Maya
это уже не было завесой Майи
it was no longer a pointless and coincidental
это больше не было бессмысленным и случайным
things were not just a diversity of mere appearances
вещи были не просто разнообразием внешних проявлений
appearances despicable to the deeply thinking Brahman

Внешность, отвратительная для глубоко мыслящего Брахмана

the thinking Brahman scorns diversity, and seeks unity

мыслящий Брахман презирает разнообразие и ищет единства

Blue was blue and river was river

Синий был синим, а река была рекой.

the singular and divine lived hidden in Siddhartha

уникальное и божественное жило скрытым в Сиддхартхе

divinity's way and purpose was to be yellow here, and blue there

Путь и цель божества были быть желтыми здесь и синими там.

there sky, there forest, and here Siddhartha

там небо, там лес, а здесь Сиддхартха

The purpose and essential properties was not somewhere behind the things

Цель и существенные свойства не были где-то за вещами

the purpose and essential properties was inside of everything

цель и основные свойства были внутри всего

"How deaf and stupid have I been!" he thought

«Как я был глух и глуп!» — подумал он.

and he walked swiftly along

и он быстро пошел вперед

"When someone reads a text he will not scorn the symbols and letters"

«Когда кто-то читает текст, он не будет презирать символы и буквы»

"he will not call the symbols deceptions or coincidences"

«он не назовет символы обманами или совпадениями»

"but he will read them as they were written"

«но он прочтет их так, как они были написаны»

"he will study and love them, letter by letter"

«он будет изучать и любить их, буква за буквой»

"I wanted to read the book of the world and scorned the letters"
«Я хотел прочесть книгу мира и презрел буквы»
"I wanted to read the book of myself and scorned the symbols"
«Я хотел прочитать книгу о себе и презирал символы»
"I called my eyes and my tongue coincidental"
«Я назвал свои глаза и свой язык совпадением»
"I said they were worthless forms without substance"
«Я сказал, что это бесполезные формы без содержания».
"No, this is over, I have awakened"
«Нет, все кончено, я проснулся»
"I have indeed awakened"
«Я действительно пробудился»
"I had not been born before this very day"
«Я не родился до этого самого дня»
In thinking these thoughts, Siddhartha suddenly stopped once again
Думая об этом, Сиддхартха внезапно снова остановился.
he stopped as if there was a snake lying in front of him
он остановился, как будто перед ним лежала змея
suddenly, he had also become aware of something else
внезапно он также осознал что-то еще
He was indeed like someone who had just woken up
Он действительно был похож на человека, который только что проснулся.
he was like a new-born baby starting life anew
он был как новорожденный ребенок, начинающий новую жизнь
and he had to start again at the very beginning
и ему пришлось начинать все сначала
in the morning he had had very different intentions
утром у него были совсем другие намерения
he had thought to return to his home and his father
он думал вернуться домой к отцу
But now he stopped as if a snake was lying on his path

Но теперь он остановился, словно на его пути лежала змея.

he made a realization of where he was
он осознал, где он находится

"I am no longer the one I was"
«Я больше не тот, кем был»

"I am no ascetic anymore"
«Я больше не аскет»

"I am not a priest anymore"
«Я больше не священник»

"I am no Brahman anymore"
«Я больше не Брахман»

"Whatever should I do at my father's place?"
«Что мне делать у отца?»

"Study? Make offerings? Practise meditation?"
«Изучать? Делать подношения? Практиковать медитацию?»

"But all this is over for me"
«Но для меня все это закончилось»

"all of this is no longer on my path"
«все это больше не на моем пути»

Motionless, Siddhartha remained standing there
Сиддхартха остался стоять неподвижно.

and for the time of one moment and breath, his heart felt cold
и на мгновение и на одно дыхание его сердце похолодело

he felt a coldness in his chest
он почувствовал холод в груди

the same feeling a small animal feels when it sees how alone it is
то же самое чувство испытывает маленькое животное, когда видит, насколько оно одиноко

For many years, he had been without home and had felt nothing
Много лет он был без дома и ничего не чувствовал.

Now, he felt he had been without a home

Теперь он чувствовал, что остался без дома.
Still, even in the deepest meditation, he had been his father's son
Но даже в самых глубоких раздумьях он оставался сыном своего отца.
he had been a Brahman, of a high caste
он был брахманом, из высокой касты
he had been a cleric
он был священнослужителем
Now, he was nothing but Siddhartha, the awoken one
Теперь он был не кем иным, как Сиддхартхой, пробужденным.
nothing else was left of him
от него ничего не осталось
Deeply, he inhaled and felt cold
Он глубоко вдохнул и почувствовал холод.
a shiver ran through his body
дрожь пробежала по его телу
Nobody was as alone as he was
Никто не был так одинок, как он.
There was no nobleman who did not belong to the noblemen
Не было ни одного дворянина, который не принадлежал бы к дворянам.
there was no worker that did not belong to the workers
не было ни одного рабочего, который не принадлежал бы к рабочим
they had all found refuge among themselves
они все нашли убежище среди себя
they shared their lives and spoke their languages
они делились своей жизнью и говорили на своих языках
there are no Brahman who would not be regarded as Brahmans
нет ни одного брахмана, который не считался бы брахманом
and there are no Brahmans that didn't live as Brahmans

и нет брахманов, которые не жили бы как брахманы
there are no ascetic who could not find refuge with the Samanas
нет аскета, который не мог бы найти прибежища у саманов
and even the most forlorn hermit in the forest was not alone
и даже самый одинокий отшельник в лесу не был одинок
he was also surrounded by a place he belonged to
он также был окружен местом, к которому он принадлежал
he also belonged to a caste in which he was at home
он также принадлежал к касте, в которой он чувствовал себя как дома
Govinda had left him and became a monk
Говинда оставил его и стал монахом.
and a thousand monks were his brothers
и тысяча монахов были его братьями
they wore the same robe as him
они носили такую же одежду, как и он
they believed in his faith and spoke his language
они верили в его веру и говорили на его языке
But he, Siddhartha, where did he belong to?
Но где же он, Сиддхартха?
With whom would he share his life?
С кем он разделит свою жизнь?
Whose language would he speak?
На чьем языке он будет говорить?
the world melted away all around him
мир растаял вокруг него
he stood alone like a star in the sky
он стоял один, как звезда на небе
cold and despair surrounded him
холод и отчаяние окружали его
but Siddhartha emerged out of this moment
но Сиддхартха появился из этого момента
Siddhartha emerged more his true self than before

Сиддхартха проявил себя более полно, чем прежде.
he was more firmly concentrated than he had ever been
он был более сосредоточен, чем когда-либо
He felt; "this had been the last tremor of the awakening"
Он чувствовал: «Это был последний трепет пробуждения».
"the last struggle of this birth"
"последняя борьба этого рождения"
And it was not long until he walked again in long strides
И вскоре он снова зашагал большими шагами.
he started to proceed swiftly and impatiently
он начал действовать быстро и нетерпеливо
he was no longer going home
он больше не собирался идти домой
he was no longer going to his father
он больше не ходил к отцу

Part Two
Часть вторая

***

Kamala
Камала

Siddhartha learned something new on every step of his path
Сиддхартха узнавал что-то новое на каждом шагу своего пути.

because the world was transformed and his heart was enchanted
потому что мир преобразился и его сердце было очаровано

He saw the sun rising over the mountains
Он увидел, как солнце поднимается над горами.

and he saw the sun setting over the distant beach
и он увидел, как солнце садится над далеким пляжем

At night, he saw the stars in the sky in their fixed positions
Ночью он видел звезды на небе в их фиксированных положениях.

and he saw the crescent of the moon floating like a boat in the blue
и он увидел полумесяц, плывущий, словно лодка, в синем море.

He saw trees, stars, animals, and clouds
Он видел деревья, звезды, животных и облака.

rainbows, rocks, herbs, flowers, streams and rivers
радуги, камни, травы, цветы, ручьи и реки

he saw the glistening dew in the bushes in the morning
он увидел блестящую росу на кустах утром

he saw distant high mountains which were blue
он увидел далекие высокие горы, которые были синими

wind blew through the rice-field
ветер дул через рисовое поле

all of this, a thousand-fold and colourful, had always been there
все это, тысячекратное и красочное, всегда было там
the sun and the moon had always shone
солнце и луна всегда светили
rivers had always roared and bees had always buzzed
реки всегда шумели и пчелы всегда жужжали
but in former times all of this had been a deceptive veil
но в прежние времена все это было обманчивой завесой
to him it had been nothing more than fleeting
для него это было не более чем мимолетным
it was supposed to be looked upon in distrust
предполагалось, что к этому следует относиться с недоверием
it was destined to be penetrated and destroyed by thought
ему суждено было быть пронизанным и разрушенным мыслью
since it was not the essence of existence
поскольку это не было сутью существования
since this essence lay beyond, on the other side of, the visible
поскольку эта сущность лежала за пределами, по ту сторону видимого
But now, his liberated eyes stayed on this side
Но теперь его освобожденный взгляд остался на этой стороне.
he saw and became aware of the visible
он увидел и осознал видимое
he sought to be at home in this world
он стремился чувствовать себя как дома в этом мире
he did not search for the true essence
он не искал истинную сущность
he did not aim at a world beyond
он не стремился к миру за пределами
this world was beautiful enough for him
этот мир был достаточно прекрасен для него

looking at it like this made everything childlike
глядя на это таким образом, все становилось детским
Beautiful were the moon and the stars
Прекрасны были луна и звезды
beautiful was the stream and the banks
красивый был ручей и берега
the forest and the rocks, the goat and the gold-beetle
лес и скалы, коза и жук-золотоед
the flower and the butterfly; beautiful and lovely it was
цветок и бабочка; красиво и чудесно это было
to walk through the world was childlike again
ходить по миру снова стало по-детски
this way he was awoken
таким образом он был разбужен
this way he was open to what is near
таким образом он был открыт к тому, что рядом
this way he was without distrust
таким образом он был без недоверия
differently the sun burnt the head
иначе солнце сожгло голову
differently the shade of the forest cooled him down
иначе тень леса его охладила
differently the pumpkin and the banana tasted
тыква и банан были на вкус разными
Short were the days, short were the nights
Коротки были дни, коротки были ночи
every hour sped swiftly away like a sail on the sea
каждый час стремительно мчался, как парус в море
and under the sail was a ship full of treasures, full of joy
а под парусом был корабль, полный сокровищ, полный радости.
Siddhartha saw a group of apes moving through the high canopy
Сиддхартха увидел группу обезьян, двигающихся сквозь высокий полог.
they were high in the branches of the trees

они были высоко в ветвях деревьев
and he heard their savage, greedy song
и он услышал их дикую, жадную песню
Siddhartha saw a male sheep following a female one and mating with her
Сиддхартха увидел, как баран преследовал барана и спаривался с ним.
In a lake of reeds, he saw the pike hungrily hunting for its dinner
В озере, заросшем камышом, он увидел щуку, жадно охотящуюся за своей добычей.
young fish were propelling themselves away from the pike
молодые рыбы отталкивались от щуки
they were scared, wiggling and sparkling
они были напуганы, шевелились и сверкали
the young fish jumped in droves out of the water
молодые рыбы толпами выпрыгивали из воды
the scent of strength and passion came forcefully out of the water
из воды с силой вырвался запах силы и страсти
and the pike stirred up the scent
и щука подняла запах
All of this had always existed
Все это существовало всегда.
and he had not seen it, nor had he been with it
и он не видел его, и не был с ним
Now he was with it and he was part of it
Теперь он был с этим и был частью этого.
Light and shadow ran through his eyes
Свет и тень пробегали в его глазах.
stars and moon ran through his heart
Звезды и луна пробежали сквозь его сердце

Siddhartha remembered everything he had experienced in the Garden Jetavana

Сиддхартха вспомнил все, что он пережил в саду Джетавана.

he remembered the teaching he had heard there from the divine Buddha

он вспомнил учение, которое он услышал там от божественного Будды

he remembered the farewell from Govinda

он вспомнил прощание с Говиндой

he remembered the conversation with the exalted one

он вспомнил разговор с возвышенным

Again he remembered his own words that he had spoken to the exalted one

И снова он вспомнил свои собственные слова, которые он сказал Возвышенному.

he remembered every word

он помнил каждое слово

he realized he had said things which he had not really known

он понял, что сказал вещи, которые на самом деле не знал

he astonished himself with what he had said to Gotama

он сам удивился тому, что сказал Готаме

the Buddha's treasure and secret was not the teachings

сокровище и тайна Будды не были учениями

but the secret was the inexpressible and not teachable

но секрет был невыразим и не поддавался обучению

the secret which he had experienced in the hour of his enlightenment

тайна, которую он познал в час своего просветления

the secret was nothing but this very thing which he had now gone to experience

секрет был не чем иным, как именно этим, что он теперь отправился испытать

the secret was what he now began to experience

секрет был в том, что он теперь начал испытывать

Now he had to experience his self

Теперь ему пришлось испытать себя

he had already known for a long time that his self was
Atman
он уже давно знал, что его «я» — Атман
he knew Atman bore the same eternal characteristics as
Brahman
он знал, что Атман обладает теми же вечными
характеристиками, что и Брахман
But he had never really found this self
Но он так и не нашел себя по-настоящему.
because he had wanted to capture the self in the net of
thought
потому что он хотел поймать себя в сети мысли
but the body was not part of the self
но тело не было частью себя
it was not the spectacle of the senses
это не было зрелищем чувств
so it also was not the thought, nor the rational mind
так что это также не была мысль, и не был рациональный
ум
it was not the learned wisdom, nor the learned ability
это не была ни приобретенная мудрость, ни
приобретенные способности
from these things no conclusions could be drawn
из этих вещей нельзя было сделать никаких выводов
No, the world of thought was also still on this side
Нет, мир мысли был еще и по эту сторону.
Both, the thoughts as well as the senses, were pretty things
И мысли, и чувства были прекрасными вещами.
but the ultimate meaning was hidden behind both of them
но высший смысл был скрыт за ними обоими
both had to be listened to and played with
и то, и другое приходилось слушать и играть с ними
neither had to be scorned nor overestimated
ни презирать, ни переоценивать не приходилось
there were secret voices of the innermost truth
были тайные голоса сокровенной истины

these voices had to be attentively perceived
эти голоса нужно было внимательно воспринимать
He wanted to strive for nothing else
Он не хотел стремиться ни к чему другому.
he would do what the voice commanded him to do
он сделает то, что прикажет ему голос
he would dwell where the voices advised him to
он будет жить там, где ему советовали голоса
Why had Gotama sat down under the Bodhi tree?
Почему Готама сел под деревом Бодхи?
He had heard a voice in his own heart
Он услышал голос в своем сердце
a voice which had commanded him to seek rest under this tree
голос, который приказал ему искать покой под этим деревом
he could have gone on to make offerings
он мог бы продолжить делать подношения
he could have performed his ablutions
он мог бы совершить омовение
he could have spent that moment in prayer
он мог бы провести этот момент в молитве
he had chosen not to eat or drink
он решил не есть и не пить
he had chosen not to sleep or dream
он решил не спать и не видеть снов
instead, he had obeyed the voice
вместо этого он послушался голоса
To obey like this was good
Подчиняться вот так было хорошо.
it was good not to obey to an external command
было бы хорошо не подчиняться внешнему приказу
it was good to obey only the voice
хорошо было подчиняться только голосу
to be ready like this was good and necessary
быть готовым таким образом было хорошо и необходимо

there was nothing else that was necessary
больше ничего не было необходимого

in the night Siddhartha got to a river
ночью Сиддхартха добрался до реки
he slept in the straw hut of a ferryman
он спал в соломенной хижине паромщика
this night Siddhartha had a dream
этой ночью Сиддхартхе приснился сон
Govinda was standing in front of him
Говинда стоял перед ним.
he was dressed in the yellow robe of an ascetic
он был одет в желтую мантию аскета
Sad was how Govinda looked
Грустно было то, как выглядел Говинда.
sadly he asked, "Why have you forsaken me?"
с грустью он спросил: «Почему ты оставил меня?»
Siddhartha embraced Govinda, and wrapped his arms around him
Сиддхартха обнял Говинду и обнял его.
he pulled him close to his chest and kissed him
он прижал его к своей груди и поцеловал
but it was not Govinda anymore, but a woman
но это был уже не Говинда, а женщина
a full breast popped out of the woman's dress
полная грудь высунулась из платья женщины
Siddhartha lay and drank from the breast
Сиддхартха лежал и пил из груди
sweetly and strongly tasted the milk from this breast
сладко и сильно ощущал вкус молока из этой груди
It tasted of woman and man
Вкус был и женский, и мужской.
it tasted of sun and forest
он имел привкус солнца и леса
it tasted of animal and flower
он имел вкус животных и цветов

it tasted of every fruit and every joyful desire
он был полон вкуса всех плодов и всех радостных желаний
It intoxicated him and rendered him unconscious
Это опьянило его и он потерял сознание.
Siddhartha woke up from the dream
Сиддхартха проснулся от сна
the pale river shimmered through the door of the hut
бледная река мерцала сквозь дверь хижины
a dark call of an owl resounded deeply through the forest
темный крик совы разнесся глубоко по лесу
Siddhartha asked the ferryman to get him across the river
Сиддхартха попросил паромщика переправить его через реку.
The ferryman got him across the river on his bamboo-raft
Паромщик перевез его через реку на своем бамбуковом плоту.
the water shimmered reddish in the light of the morning
вода мерцала красноватым светом в утреннем свете
"This is a beautiful river," he said to his companion
«Это прекрасная река», — сказал он своему спутнику.
"Yes," said the ferryman, "a very beautiful river"
«Да», сказал паромщик, «очень красивая река».
"I love it more than anything"
«Я люблю это больше всего на свете»
"Often I have listened to it"
«Я часто это слушал»
"often I have looked into its eyes"
«часто я смотрел ему в глаза»
"and I have always learned from it"
«и я всегда извлекал из этого урок»
"Much can be learned from a river"
«У реки можно многому научиться»
"I thank you, my benefactor" spoke Siddhartha
«Благодарю тебя, мой благодетель», — сказал Сиддхартха.
he disembarked on the other side of the river
он высадился на другой стороне реки

"I have no gift I could give you for your hospitality, my dear"

«У меня нет подарка, который я мог бы сделать тебе за твое гостеприимство, моя дорогая».

"and I also have no payment for your work"

"и мне также не платят за твою работу"

"I am a man without a home"

«Я человек без дома»

"I am the son of a Brahman and a Samana"

«Я сын брахмана и саманы»

"I did see it," spoke the ferryman

«Я видел это», — сказал паромщик.

"I did not expect any payment from you"

«Я не ожидал от тебя никакой оплаты»

"it is custom for guests to bear a gift"

«Гости обычно приносят с собой подарок»

"but I did not expect this from you either"

"но я и от тебя этого не ожидал"

"You will give me the gift another time"

«Ты сделаешь мне подарок в другой раз»

"Do you think so?" asked Siddhartha, bemusedly

«Ты так думаешь?» — спросил Сиддхартха, ошеломленный.

"I am sure of it," replied the ferryman

«Я в этом уверен», — ответил паромщик.

"This too, I have learned from the river"

«Этому я тоже научился у реки»

"everything that goes comes back!"

«всё, что уходит, возвращается!»

"You too, Samana, will come back"

«Ты тоже, Самана, вернешься»

"Now farewell! Let your friendship be my reward"

«А теперь прощай! Пусть твоя дружба будет мне наградой»

"Commemorate me, when you make offerings to the gods"

«Поминайте меня, когда приносите жертвы богам»

Smiling, they parted from each other
Улыбаясь, они расстались друг с другом.
Smiling, Siddhartha was happy about the friendship
Улыбаясь, Сиддхартха был рад дружбе.
and he was happy about the kindness of the ferryman
и он был рад доброте паромщика
"He is like Govinda," he thought with a smile
«Он как Говинда», — подумал он с улыбкой.
"all I meet on my path are like Govinda"
«Все, кого я встречаю на своем пути, подобны Говинде»
"All are thankful for what they have"
«Все благодарны за то, что имеют»
"but they are the ones who would have a right to receive thanks"
«но именно они имеют право получить благодарность»
"all are submissive and would like to be friends"
«все покорны и хотели бы дружить»
"all like to obey and think little"
"все любят подчиняться и мало думать"
"all people are like children"
«все люди как дети»

At about noon, he came through a village
Около полудня он прошел через деревню
In front of the mud cottages, children were rolling about in the street
Перед глинобитными домиками дети катались по улице.
they were playing with pumpkin-seeds and sea-shells
они играли с тыквенными семечками и ракушками
they screamed and wrestled with each other
они кричали и боролись друг с другом
but they all timidly fled from the unknown Samana
но все они робко бежали от неизвестного самана
In the end of the village, the path led through a stream
В конце деревни тропа вела через ручей.
by the side of the stream, a young woman was kneeling

На берегу ручья стояла на коленях молодая женщина.
she was washing clothes in the stream
она стирала одежду в ручье
When Siddhartha greeted her, she lifted her head
Когда Сиддхартха поприветствовал ее, она подняла голову
and she looked up to him with a smile
и она посмотрела на него с улыбкой
he could see the white in her eyes glistening
он мог видеть, как сверкали белки в ее глазах
He called out a blessing to her
Он призвал ее к благословению
this was the custom among travellers
это был обычай среди путешественников
and he asked how far it was to the large city
и он спросил, как далеко до большого города
Then she got up and came to him
Потом она встала и подошла к нему.
beautifully her wet mouth was shimmering in her young face
красиво ее влажный рот мерцал на ее молодом лице
She exchanged humorous banter with him
Она обменивалась с ним шутливыми шутками.
she asked whether he had eaten already
она спросила, поел ли он уже
and she asked curious questions
и она задавала любопытные вопросы
"is it true that the Samanas slept alone in the forest at night?"
«правда ли, что саманы спали ночью в лесу одни?»
"is it true Samanas are not allowed to have women with them"
"правда ли, что саманам не разрешается иметь при себе женщин"
While talking, she put her left foot on his right one
Во время разговора она положила свою левую ногу на его правую.

the movement of a woman who would want to initiate sexual pleasure
движение женщины, которая хотела бы инициировать сексуальное удовольствие
the textbooks call this "climbing a tree"
В учебниках это называется «взбираться на дерево».
Siddhartha felt his blood heating up
Сиддхартха почувствовал, как его кровь закипает.
he had to think of his dream again
ему пришлось снова подумать о своей мечте
he bend slightly down to the woman
он слегка наклонился к женщине
and he kissed with his lips the brown nipple of her breast
и он поцеловал губами коричневый сосок ее груди
Looking up, he saw her face smiling
Подняв глаза, он увидел ее улыбающееся лицо.
and her eyes were full of lust
и ее глаза были полны похоти
Siddhartha also felt desire for her
Сиддхартха также чувствовал желание к ней
he felt the source of his sexuality moving
он чувствовал, как источник его сексуальности движется
but he had never touched a woman before
но он никогда раньше не прикасался к женщине
so he hesitated for a moment
поэтому он колебался мгновение
his hands were already prepared to reach out for her
его руки уже были готовы протянуться к ней
but then he heard the voice of his innermost self
но затем он услышал голос своего сокровенного «я»
he shuddered with awe at his voice
он содрогнулся от благоговения, услышав свой голос
and this voice told him no
и этот голос сказал ему нет
all charms disappeared from the young woman's smiling face

все очарование исчезло с улыбающегося лица молодой женщины
he no longer saw anything else but a damp glance
он больше ничего не видел, кроме влажного взгляда
all he could see was female animal in heat
все, что он мог видеть, была самка животного в течке
Politely, he petted her cheek
Он вежливо погладил ее по щеке.
he turned away from her and disappeared away
он отвернулся от нее и исчез
he left from the disappointed woman with light steps
он ушел от разочарованной женщины легкими шагами
and he disappeared into the bamboo-wood
и он исчез в бамбуковом лесу

he reached the large city before the evening
он добрался до большого города еще до вечера
and he was happy to have reached the city
и он был счастлив, что добрался до города
because he felt the need to be among people
потому что он чувствовал потребность быть среди людей
or a long time, he had lived in the forests
или долгое время он жил в лесах
for first time in a long time he slept under a roof
впервые за долгое время он спал под крышей
Before the city was a beautifully fenced garden
Раньше город был красивым огороженным садом.
the traveller came across a small group of servants
путешественник наткнулся на небольшую группу слуг
the servants were carrying baskets of fruit
слуги несли корзины с фруктами
four servants were carrying an ornamental sedan-chair
четверо слуг несли декоративный паланкин
on this chair sat a woman, the mistress
на этом стуле сидела женщина, хозяйка
she was on red pillows under a colourful canopy

она была на красных подушках под цветным балдахином
Siddhartha stopped at the entrance to the pleasure-garden
Сиддхартха остановился у входа в сад удовольствий
and he watched the parade go by
и он наблюдал, как проходил парад
he saw saw the servants and the maids
он увидел увидел слуг и служанок
he saw the baskets and the sedan-chair
он увидел корзины и портшез
and he saw the lady on the chair
и он увидел даму на стуле
Under her black hair he saw a very delicate face
Под ее черными волосами он увидел очень нежное лицо.
a bright red mouth, like a freshly cracked fig
ярко-красный рот, как только что надломленный инжир
eyebrows which were well tended and painted in a high arch
брови были ухожены и нарисованы в виде высокой дуги
they were smart and watchful dark eyes
они были умные и бдительные темные глаза
a clear, tall neck rose from a green and golden garment
из зеленой и золотой одежды поднималась ясная, высокая шея
her hands were resting, long and thin
ее руки отдыхали, длинные и тонкие
she had wide golden bracelets over her wrists
на запястьях у нее были широкие золотые браслеты
Siddhartha saw how beautiful she was, and his heart rejoiced
Сиддхартха увидел, как она прекрасна, и его сердце возрадовалось.
He bowed deeply, when the sedan-chair came closer
Он низко поклонился, когда носилки приблизились.
straightening up again, he looked at the fair, charming face
выпрямившись, он взглянул на прекрасное, очаровательное лицо

he read her smart eyes with the high arcs
он прочитал ее умные глаза с высокими дугами
he breathed in a fragrance of something he did not know
он вдохнул аромат чего-то, чего не знал.
With a smile, the beautiful woman nodded for a moment
С улыбкой красивая женщина кивнула на мгновение.
then she disappeared into the garden
затем она исчезла в саду
and then the servants disappeared as well
а затем слуги тоже исчезли.
"I am entering this city with a charming omen" Siddhartha thought
«Я вхожу в этот город с очаровательным предзнаменованием», — подумал Сиддхартха.
He instantly felt drawn into the garden
Он сразу же почувствовал, что его тянет в сад.
but he thought about his situation
но он думал о своей ситуации
he became aware of how the servants and maids had looked at him
он осознал, как на него смотрели слуги и служанки
they thought him despicable, distrustful, and rejected him
они считали его презренным, недоверчивым и отвергали его
"I am still a Samana" he thought
«Я все еще самана», — подумал он.
"I am still an ascetic and beggar"
«Я все еще аскет и нищий»
"I must not remain like this"
«Я не должен оставаться таким»
"I will not be able to enter the garden like this," he laughed
«Я не смогу войти в сад в таком виде», — засмеялся он.
he asked the next person who came along the path about the garden
он спросил следующего человека, который встретился ему на пути, о саде

and he asked for the name of the woman
и он спросил имя женщины
he was told that this was the garden of Kamala, the famous courtesan
ему сказали, что это сад Камалы, знаменитой куртизанки
and he was told that she also owned a house in the city
и ему сказали, что у нее также есть дом в городе
Then, he entered the city with a goal
Затем он вошел в город с целью
Pursuing his goal, he allowed the city to suck him in
Преследуя свою цель, он позволил городу поглотить его.
he drifted through the flow of the streets
он плыл по течению улиц
he stood still on the squares in the city
он стоял неподвижно на площадях города
he rested on the stairs of stone by the river
он отдыхал на каменных ступенях у реки
When the evening came, he made friends with a barber's assistant
Когда наступил вечер, он подружился с помощником парикмахера.
he had seen him working in the shade of an arch
он видел, как он работал в тени арки
and he found him again praying in a temple of Vishnu
и он снова нашел его молящимся в храме Вишну
he told about stories of Vishnu and the Lakshmi
он рассказал об историях Вишну и Лакшми
Among the boats by the river, he slept this night
Среди лодок у реки он спал этой ночью.
Siddhartha came to him before the first customers came into his shop
Сиддхартха пришел к нему еще до того, как в его магазин пришли первые покупатели.
he had the barber's assistant shave his beard and cut his hair
он заставил помощника парикмахера сбрить ему бороду и подстричь волосы

he combed his hair and anointed it with fine oil
он расчесал волосы и умастил их тонким маслом
Then he went to take his bath in the river
Затем он пошел искупаться в реке.

late in the afternoon, beautiful Kamala approached her garden
Ближе к вечеру прекрасная Камала подошла к своему саду
Siddhartha was standing at the entrance again
Сиддхартха снова стоял у входа.
he made a bow and received the courtesan's greeting
он поклонился и получил приветствие куртизанки
he got the attention of one of the servant
он привлек внимание одного из слуг
he asked him to inform his mistress
он попросил его сообщить его любовнице
"a young Brahman wishes to talk to her"
«молодой брахман желает поговорить с ней»
After a while, the servant returned
Через некоторое время слуга вернулся.
the servant asked Siddhartha to follow him
слуга попросил Сиддхартху следовать за ним
Siddhartha followed the servant into a pavilion
Сиддхартха последовал за слугой в павильон
here Kamala was lying on a couch
здесь Камала лежала на кушетке
and the servant left him alone with her
и слуга оставил его наедине с ней
"Weren't you also standing out there yesterday, greeting me?" asked Kamala
«Разве ты не стоял там вчера и не приветствовал меня?» — спросила Камала.
"It's true that I've already seen and greeted you yesterday"
«Это правда, что я уже видел тебя вчера и приветствовал тебя»
"But didn't you yesterday wear a beard, and long hair?"

«Но разве вчера ты не носил бороду и длинные волосы?»
"and was there not dust in your hair?"
«И не было ли пыли в твоих волосах?»
"You have observed well, you have seen everything"
«Ты хорошо наблюдал, ты все видел»
"You have seen Siddhartha, the son of a Brahman"
«Ты видел Сиддхартху, сына брахмана»
"the Brahman who has left his home to become a Samana"
«Брахман, покинувший свой дом, чтобы стать саманой»
"the Brahman who has been a Samana for three years"
«Брахман, который был саманой в течение трех лет»
"But now, I have left that path and came into this city"
«Но теперь я оставил этот путь и пришел в этот город».
"and the first one I met, even before I had entered the city, was you"
«И первым, кого я встретил, еще до того, как вошел в город, был ты»
"To say this, I have come to you, oh Kamala!"
«Чтобы сказать это, я пришел к тебе, о Камала!»
"before, Siddhartha addressed all woman with his eyes to the ground"
«Раньше Сиддхартха обращался ко всем женщинам, опустив глаза в землю»
"You are the first woman whom I address otherwise"
«Вы первая женщина, к которой я обращаюсь иначе»
"Never again do I want to turn my eyes to the ground"
«Никогда больше я не хочу опускать глаза к земле»
"I won't turn when I'm coming across a beautiful woman"
«Я не обернусь, когда встречу красивую женщину»
Kamala smiled and played with her fan of peacocks' feathers
Камала улыбнулась и поиграла веером из павлиньих перьев.
"And only to tell me this, Siddhartha has come to me?"
«И только для того, чтобы сказать мне это, Сиддхартха пришел ко мне?»

"To tell you this and to thank you for being so beautiful"
«Сказать тебе это и поблагодарить тебя за то, что ты такая красивая»
"I would like to ask you to be my friend and teacher"
«Я хотел бы попросить тебя стать моим другом и учителем»
"for I know nothing yet of that art which you have mastered"
«ибо я еще ничего не знаю о том искусстве, которым ты овладел»
At this, Kamala laughed aloud
Услышав это, Камала громко рассмеялась.
"Never before this has happened to me, my friend"
«Никогда еще со мной такого не случалось, мой друг»
"a Samana from the forest came to me and wanted to learn from me!"
«Ко мне из леса пришла самана и захотела у меня поучиться!»
"Never before this has happened to me"
«Никогда раньше со мной такого не случалось»
"a Samana came to me with long hair and an old, torn loincloth!"
«Ко мне пришла самана с длинными волосами и в старой, рваной набедренной повязке!»
"Many young men come to me"
«Ко мне приходит много молодых людей»
"and there are also sons of Brahmans among them"
«и среди них есть также сыновья брахманов»
"but they come in beautiful clothes"
"но они приходят в красивой одежде"
"they come in fine shoes"
"они приходят в хорошей обуви"
"they have perfume in their hair"
"у них в волосах духи
"and they have money in their pouches"
"и у них в сумках деньги"
"This is how the young men are like, who come to me"

«Вот такие молодые люди, которые приходят ко мне»
Spoke Siddhartha, "Already I am starting to learn from you"
Сиддхартха сказал: «Я уже начинаю учиться у тебя».
"Even yesterday, I was already learning"
«Еще вчера я учился»
"I have already taken off my beard"
«Я уже снял бороду»
"I have combed the hair"
«Я расчесал волосы»
"and I have oil in my hair"
"и у меня масло в волосах"
"There is little which is still missing in me"
«Мне еще мало чего не хватает»
"oh excellent one, fine clothes, fine shoes, money in my pouch"
«О, прекрасная, прекрасная одежда, прекрасная обувь, деньги в моем кошельке»
"You shall know Siddhartha has set harder goals for himself"
«Вы должны знать, что Сиддхартха поставил перед собой более сложные цели»
"and he has reached these goals"
"и он достиг этих целей"
"How shouldn't I reach that goal?"
«Как мне не достичь этой цели?»
"the goal which I have set for myself yesterday"
«цель, которую я поставил перед собой вчера»
"to be your friend and to learn the joys of love from you"
«быть твоим другом и учиться у тебя радостям любви»
"You'll see that I'll learn quickly, Kamala"
«Вот увидишь, я быстро научусь, Камала».
"I have already learned harder things than what you're supposed to teach me"
«Я уже научился вещам более сложным, чем то, чему ты должен меня научить»
"And now let's get to it"

«А теперь перейдем к делу»
"You aren't satisfied with Siddhartha as he is?"
«Тебя не устраивает Сиддхартха таким, какой он есть?»
"with oil in his hair, but without clothes"
«с маслом в волосах, но без одежды»
"Siddhartha without shoes, without money"
«Сиддхартха без обуви, без денег»
Laughing, Kamala exclaimed, "No, my dear"
Смеясь, Камала воскликнула: «Нет, моя дорогая».
"he doesn't satisfy me, yet"
"Он меня пока не удовлетворяет"
"Clothes are what he must have"
«Одежда — это то, что ему нужно иметь»
"pretty clothes, and shoes is what he needs"
«Красивая одежда и обувь — вот что ему нужно»
"pretty shoes, and lots of money in his pouch"
«красивые туфли и куча денег в кошельке»
"and he must have gifts for Kamala"
"и у него должны быть подарки для Камалы"
"Do you know it now, Samana from the forest?"
«Теперь ты знаешь это, Самана из леса?»
"Did you mark my words?"
«Вы запомнили мои слова?»
"Yes, I have marked your words," Siddhartha exclaimed
«Да, я запомнил твои слова», — воскликнул Сиддхартха.
"How should I not mark words which are coming from such a mouth!"
«Как мне не обращать внимания на слова, исходящие из таких уст!»
"Your mouth is like a freshly cracked fig, Kamala"
«Твой рот, как только что надломленный инжир, Камала»
"My mouth is red and fresh as well"
«Мой рот тоже красный и свежий»
"it will be a suitable match for yours, you'll see"
«Это будет подходящая пара для тебя, вот увидишь»
"But tell me, beautiful Kamala"

«Но скажи мне, прекрасная Камала»
"aren't you at all afraid of the Samana from the forest""
"неужели ты совсем не боишься самана из леса""
"the Samana who has come to learn how to make love"
«Самана, которая пришла научиться заниматься любовью»
"Whatever for should I be afraid of a Samana?"
«Зачем мне бояться самана?»
"a stupid Samana from the forest"
"глупая самана из леса"
"a Samana who is coming from the jackals"
«Самана, пришедшая из шакалов»
"a Samana who doesn't even know yet what women are?"
«Самана, которая даже не знает, что такое женщины?»
"Oh, he's strong, the Samana"
«О, он силён, Самана»
"and he isn't afraid of anything"
"и он ничего не боится"
"He could force you, beautiful girl"
«Он мог бы заставить тебя, красавица»
"He could kidnap you and hurt you"
«Он может похитить тебя и причинить тебе вред»
"No, Samana, I am not afraid of this"
«Нет, Самана, я этого не боюсь»
"Did any Samana or Brahman ever fear someone might come and grab him?"
«Боялся ли когда-нибудь саман или брахман, что кто-то придет и схватит его?»
"could he fear someone steals his learning?
«Может ли быть, что он боится, что кто-то украдет его знания?
"could anyone take his religious devotion"
«может ли кто-нибудь взять его религиозную преданность»
"is it possible to take his depth of thought?
«Можно ли постичь глубину его мыслей?

"No, because these things are his very own"
«Нет, потому что эти вещи — его собственные»
"he would only give away the knowledge he is willing to give"
«Он отдаст только те знания, которые готов отдать»
"he would only give to those he is willing to give to"
«Он даст только тем, кому он готов дать»
"precisely like this it is also with Kamala"
«точно так же и с Камалой»
"and it is the same way with the pleasures of love"
«И то же самое с удовольствиями любви»
"Beautiful and red is Kamala's mouth," answered Siddhartha
«Красивы и красны уста Камалы», — ответил Сиддхартха.
"but don't try to kiss it against Kamala's will"
"но не пытайся поцеловать его против воли Камалы"
"because you will not obtain a single drop of sweetness from it"
«потому что ты не получишь от этого ни капли сладости»
"You are learning easily, Siddhartha"
«Ты легко учишься, Сиддхартха»
"you should also learn this"
"Вы также должны это выучить"
"love can be obtained by begging, buying"
«любовь можно получить выпрашивая, покупая»
"you can receive it as a gift"
"Вы можете получить его в подарок"
"or you can find it in the street"
"или вы можете найти его на улице"
"but love cannot be stolen"
"но любовь нельзя украсть"
"In this, you have come up with the wrong path"
«В этом вы пошли по неверному пути»
"it would be a pity if you would want to tackle love in such a wrong manner"
«было бы жаль, если бы вы захотели подойти к любви таким неправильным образом»

Siddhartha bowed with a smile
Сиддхартха поклонился с улыбкой
"It would be a pity, Kamala, you are so right"
«Было бы жаль, Камала, ты так права»
"It would be such a great pity"
«Это было бы очень жаль»
"No, I shall not lose a single drop of sweetness from your mouth"
«Нет, я не потеряю ни капли сладости из твоих уст»
"nor shall you lose sweetness from my mouth"
«и не утратишь сладость уст моих»
"So it is agreed. Siddhartha will return"
«Итак, решено. Сиддхартха вернется».
"Siddhartha will return once he has what he still lacks"
«Сиддхартха вернется, когда у него будет то, чего ему еще не хватает»
"he will come back with clothes, shoes, and money"
«он вернется с одеждой, обувью и деньгами»
"But speak, lovely Kamala, couldn't you still give me one small advice?"
«Но говори, милая Камала, не могла бы ты дать мне еще один маленький совет?»
"Give you an advice? Why not?"
«Дать тебе совет? Почему бы и нет?»
"Who wouldn't like to give advice to a poor, ignorant Samana?"
«Кто не хотел бы дать совет бедному, невежественному саману?»
"Dear Kamala, where I should go to find these three things most quickly?"
«Дорогая Камала, куда мне следует обратиться, чтобы быстрее всего найти эти три вещи?»
"Friend, many would like to know this"
«Друг, многие хотели бы это знать»
"You must do what you've learned and ask for money"
«Ты должен делать то, чему научился, и просить денег»

"There is no other way for a poor man to obtain money"
«У бедняка нет другого способа раздобыть деньги»
"What might you be able to do?"
«Что вы могли бы сделать?»
"I can think. I can wait. I can fast" said Siddhartha
«Я могу думать. Я могу ждать. Я могу поститься», — сказал Сиддхартха.
"Nothing else?" asked Kamala
«Ничего больше?» — спросила Камала.
"yes, I can also write poetry"
«да, я тоже умею писать стихи»
"Would you like to give me a kiss for a poem?"
«Хочешь поцеловать меня за стихотворение?»
"I would like to, if I like your poem"
«Я бы хотел, если мне понравится ваше стихотворение»
"What would be its title?"
«Каково будет его название?»
Siddhartha spoke, after he had thought about it for a moment
Сиддхартха заговорил, подумав немного:
"Into her shady garden stepped the pretty Kamala"
«В свой тенистый сад вошла прекрасная Камала»
"At the garden's entrance stood the brown Samana"
«У входа в сад стояла коричневая самана».
"Deeply, seeing the lotus's blossom, Bowed that man"
«Глубоко, увидев цветение лотоса, Склонился тот человек»
"and smiling, Kamala thanked him"
"и, улыбаясь, Камала поблагодарила его"
"More lovely, thought the young man, than offerings for gods"
«Прекраснее, — подумал юноша, — чем жертвоприношения богам».
Kamala clapped her hands so loud that the golden bracelets clanged
Камала так громко хлопнула в ладоши, что золотые браслеты зазвенели.

"Beautiful are your verses, oh brown Samana"
«Прекрасны твои стихи, о смуглая самана»
"and truly, I'm losing nothing when I'm giving you a kiss for them"
«И, честно говоря, я ничего не теряю, когда целую тебя за них»
She beckoned him with her eyes
Она поманила его взглядом
he tilted his head so that his face touched hers
он наклонил голову так, что его лицо коснулось ее лица
and he placed his mouth on her mouth
и он прижался губами к ее губам
the mouth which was like a freshly cracked fig
рот, который был похож на свежеразрезанный инжир
For a long time, Kamala kissed him
Камала долго целовала его.
and with a deep astonishment Siddhartha felt how she taught him
и с глубоким удивлением Сиддхартха почувствовал, как она его учила
he felt how wise she was
он чувствовал, насколько она мудра
he felt how she controlled him
он чувствовал, как она его контролирует
he felt how she rejected him
он почувствовал, как она отвергла его
he felt how she lured him
он чувствовал, как она его заманивала
and he felt how there were to be more kisses
и он почувствовал, что должно быть больше поцелуев
every kiss was different from the others
каждый поцелуй отличался от других
he was still, when he received the kisses
он был неподвижен, когда его целовали
Breathing deeply, he remained standing where he was
Глубоко вздохнув, он остался стоять на месте.

he was astonished like a child about the things worth learning
он был поражен, как ребенок, вещами, которые стоило изучать
the knowledge revealed itself before his eyes
знание открылось перед его глазами
"Very beautiful are your verses" exclaimed Kamala
«Твои стихи очень красивы», — воскликнула Камала.
"if I were rich, I would give you pieces of gold for them"
«Если бы я был богат, я бы дал тебе за них золотые монеты»
"But it will be difficult for you to earn enough money with verses"
«Но тебе будет трудно заработать достаточно денег стихами»
"because you need a lot of money, if you want to be Kamala's friend"
«потому что тебе нужно много денег, если ты хочешь быть другом Камалы»
"The way you're able to kiss, Kamala!" stammered Siddhartha
«Как ты умеешь целоваться, Камала!» — пробормотал Сиддхартха.
"Yes, this I am able to do"
«Да, это я могу сделать»
"therefore I do not lack clothes, shoes, bracelets"
«поэтому у меня нет недостатка в одежде, обуви, браслетах»
"I have all the beautiful things"
«У меня есть все прекрасные вещи»
"But what will become of you?"
«Но что будет с тобой?»
"Aren't you able to do anything else?"
«Ты что, ничего другого делать не умеешь?»
"can you do more than think, fast, and make poetry?"

«Вы можете сделать больше, чем просто думать, быстро и сочинять стихи?»

"I also know the sacrificial songs" said Siddhartha
«Я также знаю жертвенные песни», — сказал Сиддхартха.

"but I do not want to sing those songs anymore"
«но я больше не хочу петь эти песни»

"I also know how to make magic spells"
«Я также умею творить магические заклинания»

"but I do not want to speak them anymore"
«но я больше не хочу на них говорить»

"I have read the scriptures"
«Я прочитал Священные Писания»

"Stop!" Kamala interrupted him
«Стой!» — прервала его Камала.

"You're able to read and write?"
«Вы умеете читать и писать?»

"Certainly, I can do this, many people can"
«Конечно, я могу это сделать, многие люди могут»

"Most people can't," Kamala replied
«Большинство людей не могут», — ответила Камала.

"I am also one of those who can't do it"
«Я тоже один из тех, кто не может этого сделать»

"It is very good that you're able to read and write"
«Очень хорошо, что ты умеешь читать и писать»

"you will also find use for the magic spells"
«Вы также найдете применение магическим заклинаниям»

In this moment, a maid came running in
В этот момент вбежала служанка.

she whispered a message into her mistress's ear
она прошептала сообщение на ухо своей госпоже

"There's a visitor for me" exclaimed Kamala
«Ко мне пришел гость», — воскликнула Камала.

"Hurry and get yourself away, Siddhartha"
«Поспеши и уйди, Сиддхартха»

"nobody may see you in here, remember this!"
«никто не должен тебя здесь видеть, помни это!»

"Tomorrow, I'll see you again"
«Завтра увидимся снова»
Kamala ordered her maid to give Siddhartha white garments
Камала приказала своей служанке дать Сиддхартхе белые одежды.
and then Siddhartha found himself being dragged away by the maid
и тут Сиддхартха обнаружил, что его утаскивает служанка
he was brought into a garden-house out of sight of any paths
его привели в садовый домик, откуда не было видно никаких тропинок
then he was led into the bushes of the garden
затем его повели в кусты сада
he was urged to get himself out of the garden as soon as possible
его настоятельно просили как можно скорее убраться из сада
and he was told he must not be seen
и ему сказали, что его нельзя видеть
he did as he had been told
он сделал так, как ему сказали
he was accustomed to the forest
он привык к лесу
so he managed to get out without making a sound
поэтому ему удалось выбраться, не издав ни звука.

he returned to the city carrying the rolled up garments under his arm
он вернулся в город, неся свернутые одежды под мышкой
At the inn, where travellers stay, he positioned himself by the door
В гостинице, где останавливались путешественники, он располагался у двери.
without words he asked for food
без слов он попросил еды
without a word he accepted a piece of rice-cake

не говоря ни слова, он принял кусок рисовой лепешки
he thought about how he had always begged
он думал о том, как он всегда умолял
"Perhaps as soon as tomorrow I will ask no one for food anymore"
«Возможно, уже завтра я больше ни у кого не буду просить еды»
Suddenly, pride flared up in him
Вдруг в нем вспыхнула гордость.
He was no Samana any more
Он больше не был саманой.
it was no longer appropriate for him to beg for food
ему больше не подобало просить еду
he gave the rice-cake to a dog
он отдал рисовый пирог собаке
and that night he remained without food
и в ту ночь он остался без еды
Siddhartha thought to himself about the city
Сиддхартха подумал про себя о городе
"Simple is the life which people lead in this world"
«Проста жизнь, которую ведут люди в этом мире»
"this life presents no difficulties"
«эта жизнь не представляет никаких трудностей»
"Everything was difficult and toilsome when I was a Samana"
«Когда я был саманом, все было трудно и утомительно»
"as a Samana everything was hopeless"
"как самана все было безнадежно"
"but now everything is easy"
"но теперь все легко"
"it is easy like the lesson in kissing from Kamala"
"это легко, как урок поцелуя от Камалы"
"I need clothes and money, nothing else"
«Мне нужна одежда и деньги, больше ничего»
"these goals are small and achievable"
«Эти цели небольшие и достижимые»

"such goals won't make a person lose any sleep"
«такие цели не лишат человека сна»

the next day he returned to Kamala's house
на следующий день он вернулся в дом Камалы
"Things are working out well" she called out to him
«Все идет хорошо», — крикнула она ему.
"They are expecting you at Kamaswami's"
«Тебя ждут у Камасвами»
"he is the richest merchant of the city"
«он самый богатый торговец города»
"If he likes you, he'll accept you into his service"
«Если ты ему нравишься, он примет тебя к себе на службу»
"but you must be smart, brown Samana"
"но ты, должно быть, умная, смуглая Самана"
"I had others tell him about you"
«Я попросил других рассказать ему о тебе»
"Be polite towards him, he is very powerful"
«Будьте с ним вежливы, он очень силен»
"But I warn you, don't be too modest!"
«Но предупреждаю вас, не будьте слишком скромны!»
"I do not want you to become his servant"
«Я не хочу, чтобы ты стал его слугой»
"you shall become his equal"
«ты станешь ему равным»
"or else I won't be satisfied with you"
«иначе я не буду тобой доволен»
"Kamaswami is starting to get old and lazy"
«Камасвами начинает стареть и лениться»
"If he likes you, he'll entrust you with a lot"
«Если ты ему нравишься, он доверит тебе многое»
Siddhartha thanked her and laughed
Сиддхартха поблагодарил ее и рассмеялся.
she found out that he had not eaten
она узнала, что он не ел

so she sent him bread and fruits
поэтому она послала ему хлеб и фрукты
"You've been lucky" she said when they parted
«Тебе повезло», — сказала она, когда они расставались.
"I'm opening one door after another for you"
«Я открываю для тебя одну дверь за другой»
"How come? Do you have a spell?"
«Как так? У тебя есть заклинание?»
"I told you I knew how to think, to wait, and to fast"
«Я же говорил тебе, что умею думать, ждать и поститься»
"but you thought this was of no use"
«но ты думал, что это бесполезно»
"But it is useful for many things"
«Но это полезно для многих вещей»
"Kamala, you'll see that the stupid Samanas are good at learning"
«Камала, ты увидишь, что глупые саманы хорошо учатся»
"you'll see they are able to do many pretty things in the forest"
«Вы увидите, что они способны делать много красивых вещей в лесу»
"things which the likes of you aren't capable of"
"вещи, на которые такие, как ты, не способны"
"The day before yesterday, I was still a shaggy beggar"
«Еще позавчера я был лохматым нищим»
"as recently as yesterday I have kissed Kamala"
«еще вчера я поцеловал Камалу»
"and soon I'll be a merchant and have money"
«и скоро я стану торговцем и у меня будут деньги»
"and I'll have all those things you insist upon"
"и у меня будет все то, на чем ты настаиваешь"
"Well yes," she admitted, "but where would you be without me?"
«Ну да», — призналась она, — «но где бы ты был без меня?»
"What would you be, if Kamala wasn't helping you?"

«Кем бы вы были, если бы Камала вам не помогала?»
"Dear Kamala" said Siddhartha
«Дорогая Камала», сказал Сиддхартха.
and he straightened up to his full height
и он выпрямился во весь рост
"when I came to you into your garden, I did the first step"
«когда я пришел к тебе в твой сад, я сделал первый шаг»
"It was my resolution to learn love from this most beautiful woman"
«Я решил научиться любви у этой прекраснейшей женщины»
"that moment I had made this resolution"
«в тот момент я принял это решение»
"and I knew I would carry it out"
«И я знал, что я это сделаю»
"I knew that you would help me"
«Я знала, что ты мне поможешь»
"at your first glance at the entrance of the garden I already knew it"
«с первого взгляда на вход в сад я уже понял это»
"But what if I hadn't been willing?" asked Kamala
«А что, если бы я не захотела?» — спросила Камала.
"You were willing" replied Siddhartha
«Ты был готов», — ответил Сиддхартха.
"When you throw a rock into water, it takes the fastest course to the bottom"
«Когда бросаешь камень в воду, он быстрее всего упадет на дно»
"This is how it is when Siddhartha has a goal"
«Вот как это бывает, когда у Сиддхартхи есть цель»
"Siddhartha does nothing; he waits, he thinks, he fasts"
«Сиддхартха ничего не делает; он ждет, он думает, он постится»
"but he passes through the things of the world like a rock through water"

«но он проходит сквозь вещи мира, как камень сквозь воду»
"he passed through the water without doing anything"
«он прошел сквозь воду, ничего не сделав»
"he is drawn to the bottom of the water"
«его тянет на дно воды»
"he lets himself fall to the bottom of the water"
«он позволяет себе упасть на дно воды»
"His goal attracts him towards it"
«Его цель влечет его к себе»
"he doesn't let anything enter his soul which might oppose the goal"
«он не позволяет войти в свою душу ничему, что могло бы воспрепятствовать достижению цели»
"This is what Siddhartha has learned among the Samanas"
«Вот чему Сиддхартха научился у саманов»
"This is what fools call magic"
«Это то, что дураки называют магией»
"they think it is done by daemons"
«Они думают, что это делают демоны»
"but nothing is done by daemons"
"но демоны ничего не делают"
"there are no daemons in this world"
«в этом мире нет демонов»
"Everyone can perform magic, should they choose to"
«Каждый может творить магию, если захочет»
"everyone can reach his goals if he is able to think"
«Каждый может достичь своих целей, если он умеет думать»
"everyone can reach his goals if he is able to wait"
«каждый может достичь своих целей, если умеет ждать»
"everyone can reach his goals if he is able to fast"
«Каждый может достичь своих целей, если он умеет поститься»

Kamala listened to him; she loved his voice
Камала слушала его; ей нравился его голос.

she loved the look from his eyes
ей понравился взгляд его глаз
"Perhaps it is as you say, friend"
«Возможно, так оно и есть, друг».
"But perhaps there is another explanation"
«Но, возможно, есть и другое объяснение»
"Siddhartha is a handsome man"
«Сиддхартха — красивый мужчина»
"his glance pleases the women"
«Его взгляд радует женщин»
"good fortune comes towards him because of this"
«благодаря этому ему сопутствует удача»
With one kiss, Siddhartha bid his farewell
Одним поцелуем Сиддхартха попрощался
"I wish that it should be this way, my teacher"
«Я хотел бы, чтобы это было так, мой учитель»
"I wish that my glance shall please you"
«Я хочу, чтобы мой взгляд радовал тебя»
"I wish that that you always bring me good fortune"
«Я желаю, чтобы ты всегда приносил мне удачу».

With the Childlike People
С детьми-людьми

Siddhartha went to Kamaswami the merchant
Сиддхартха отправился к торговцу Камасвами
he was directed into a rich house
его направили в богатый дом
servants led him between precious carpets into a chamber
Слуги провели его между драгоценными коврами в комнату
in the chamber was where he awaited the master of the house
в комнате он ждал хозяина дома
Kamaswami entered swiftly into the room
Камасвами быстро вошел в комнату.
he was a smoothly moving man
он был плавно двигающимся человеком
he had very gray hair and very intelligent, cautious eyes
у него были очень седые волосы и очень умные, осторожные глаза
and he had a greedy mouth
и у него был жадный рот
Politely, the host and the guest greeted one another
Хозяин и гость вежливо поприветствовали друг друга.
"I have been told that you were a Brahman" the merchant began
«Мне сказали, что ты брахман», — начал торговец.
"I have been told that you are a learned man"
«Мне сказали, что вы ученый человек»
"and I have also been told something else"
"и мне также сказали кое-что еще"
"you seek to be in the service of a merchant"
«Вы хотите поступить на службу к торговцу»
"Might you have become destitute, Brahman, so that you seek to serve?"

«Неужели ты стал нищим, брахман, и поэтому пытаешься служить?»
"No," said Siddhartha, "I have not become destitute"
«Нет», сказал Сиддхартха, «я не стал нищим».
"nor have I ever been destitute" added Siddhartha
«и я никогда не был нищим», добавил Сиддхартха
"You should know that I'm coming from the Samanas"
«Ты должен знать, что я из Саман»
"I have lived with them for a long time"
«Я живу с ними уже долгое время»
"you are coming from the Samanas"
«Вы идете из Самана»
"how could you be anything but destitute?"
«как ты можешь быть кем-то другим, кроме нищего?»
"Aren't the Samanas entirely without possessions?"
«Разве саманы не совсем лишены имущества?»
"I am without possessions, if that is what you mean" said Siddhartha
«У меня нет имущества, если ты это имеешь в виду», — сказал Сиддхартха.
"But I am without possessions voluntarily"
«Но я добровольно лишен имущества»
"and therefore I am not destitute"
«и поэтому я не нищий»
"But what are you planning to live from, being without possessions?"
«Но чем же ты собираешься жить, не имея имущества?»
"I haven't thought of this yet, sir"
«Я еще об этом не думал, сэр»
"For more than three years, I have been without possessions"
«Более трех лет я был без имущества»
"and I have never thought about of what I should live"
«и я никогда не думал о том, как мне жить»
"So you've lived of the possessions of others"
«Значит, ты жил за счет чужого имущества»
"Presumable, this is how it is?"

«Полагаю, так оно и есть?»
"Well, merchants also live of what other people own"
«Ну, купцы тоже живут тем, чем владеют другие».
"Well said," granted the merchant
«Хорошо сказано», — согласился торговец.
"But he wouldn't take anything from another person for nothing"
«Но он ничего не взял бы у другого человека просто так»
"he would give his merchandise in return" said Kamaswami
«Он отдал бы свой товар взамен», — сказал Камасвами.
"So it seems to be indeed"
«Похоже, так оно и есть»
"Everyone takes, everyone gives, such is life"
«Все берут, все дают, такова жизнь»
"But if you don't mind me asking, I have a question"
«Но если вы не против, у меня есть вопрос»
"being without possessions, what would you like to give?"
«Будучи без имущества, что бы вы хотели отдать?»
"Everyone gives what he has"
«Каждый отдает то, что имеет»
"The warrior gives strength"
«Воин дает силу»
"the merchant gives merchandise"
«торговец дает товар»
"the teacher gives teachings"
«учитель дает учения»
"the farmer gives rice"
«фермер дает рис»
"the fisher gives fish"
«рыбак дает рыбу»
"Yes indeed. And what is it that you've got to give?"
«Да, действительно. И что же вы можете дать?»
"What is it that you've learned?"
«Чему вы научились?»
"what you're able to do?"
«Что ты умеешь делать?»

"I can think. I can wait. I can fast"
«Я могу думать. Я могу ждать. Я могу поститься».
"That's everything?" asked Kamaswami
«Это все?» — спросил Камасвами.
"I believe that is everything there is!"
«Я считаю, что это все, что есть!»
"And what's the use of that?"
«И какая от этого польза?»
"For example; fasting. What is it good for?"
«Например, пост. Какая от него польза?»
"It is very good, sir"
«Очень хорошо, сэр»
"there are times a person has nothing to eat"
«бывают моменты, когда человеку нечего есть»
"then fasting is the smartest thing he can do"
«тогда пост — самое разумное, что он может сделать»
"there was a time where Siddhartha hadn't learned to fast"
«было время, когда Сиддхартха не научился поститься»
"in this time he had to accept any kind of service"
«в это время ему приходилось принимать любую услугу»
"because hunger would force him to accept the service"
«потому что голод заставил бы его принять службу»
"But like this, Siddhartha can wait calmly"
«Но так Сиддхартха может спокойно ждать»
"he knows no impatience, he knows no emergency"
«Он не знает нетерпения, он не знает чрезвычайных ситуаций»
"for a long time he can allow hunger to besiege him"
«он может долго позволять голоду осаждать его»
"and he can laugh about the hunger"
"и он может смеяться над голодом"
"This, sir, is what fasting is good for"
«Вот для чего, сэр, полезен пост»
"You're right, Samana" acknowledged Kamaswami
«Ты права, Самана», — признал Камасвами.
"Wait for a moment" he asked of his guest

«Подождите минутку», — попросил он своего гостя.
Kamaswami left the room and returned with a scroll
Камасвами вышел из комнаты и вернулся со свитком.
he handed Siddhartha the scroll and asked him to read it
он передал Сиддхартхе свиток и попросил его прочитать его
Siddhartha looked at the scroll handed to him
Сиддхартха посмотрел на свиток, который ему вручили.
on the scroll a sales-contract had been written
на свитке был написан договор купли-продажи
he began to read out the scroll's contents
он начал зачитывать содержание свитка
Kamaswami was very pleased with Siddhartha
Камасвами был очень доволен Сиддхартхой
"would you write something for me on this piece of paper?"
«Не могли бы вы написать что-нибудь для меня на этом листке бумаги?»
He handed him a piece of paper and a pen
Он протянул ему листок бумаги и ручку.
Siddhartha wrote, and returned the paper
Сиддхартха написал и вернул бумагу
Kamaswami read, "Writing is good, thinking is better"
Камасвами прочитал: «Писать — хорошо, думать — лучше».
"Being smart is good, being patient is better"
«Быть умным — хорошо, быть терпеливым — лучше»
"It is excellent how you're able to write" the merchant praised him
«Превосходно, как ты умеешь писать», — похвалил его купец.
"Many a thing we will still have to discuss with one another"
«Нам еще многое придется обсудить друг с другом»
"For today, I'm asking you to be my guest"
«Сегодня я прошу тебя стать моим гостем»
"please come to live in this house"
«пожалуйста, приезжайте жить в этот дом»

Siddhartha thanked Kamaswami and accepted his offer
Сиддхартха поблагодарил Камасвами и принял его предложение.
he lived in the dealer's house from now on
с этого момента он жил в доме торговца
Clothes were brought to him, and shoes
Ему принесли одежду и обувь.
and every day, a servant prepared a bath for him
и каждый день слуга готовил ему ванну

Twice a day, a plentiful meal was served
Дважды в день подавали обильную еду.
but Siddhartha only ate once a day
но Сиддхартха ел только один раз в день
and he ate neither meat, nor did he drink wine
и не ел мяса и не пил вина
Kamaswami told him about his trade
Камасвами рассказал ему о своей торговле
he showed him the merchandise and storage-rooms
он показал ему товары и складские помещения
he showed him how the calculations were done
он показал ему, как производятся расчеты
Siddhartha got to know many new things
Сиддхартха узнал много нового.
he heard a lot and spoke little
он много слышал и мало говорил
but he did not forget Kamala's words
но он не забыл слова Камалы
so he was never subservient to the merchant
поэтому он никогда не был подвластен торговцу
he forced him to treat him as an equal
он заставил его относиться к себе как к равному
perhaps he forced him to treat him as even more than an equal
возможно, он заставил его относиться к себе даже больше, чем как к равному

Kamaswami conducted his business with care
Камасвами вел свои дела с осторожностью
and he was very passionate about his business
и он был очень увлечен своим делом
but Siddhartha looked upon all of this as if it was a game
но Сиддхартха смотрел на все это так, словно это была игра
he tried hard to learn the rules of the game precisely
он изо всех сил старался точно выучить правила игры
but the contents of the game did not touch his heart
но содержание игры не тронуло его сердце
He had not been in Kamaswami's house for long
Он давно не был в доме Камасвами.
but soon he took part in his landlord's business
но вскоре он принял участие в делах своего помещика

every day he visited beautiful Kamala
каждый день он навещал прекрасную Камалу
Kamala had an hour appointed for their meetings
У Камалы был назначен час для их встреч.
she was wearing pretty clothes and fine shoes
на ней была красивая одежда и красивые туфли
and soon he brought her gifts as well
и вскоре он принес ей еще и подарки
Much he learned from her red, smart mouth
Многому он научился у ее красного, умного рта
Much he learned from her tender, supple hand
Многому он научился у ее нежной, гибкой руки.
regarding love, Siddhartha was still a boy
Что касается любви, Сиддхартха был еще мальчиком.
and he had a tendency to plunge into love blindly
и у него была склонность слепо погружаться в любовь
he fell into lust like into a bottomless pit
он впал в похоть, как в бездонную яму
she taught him thoroughly, starting with the basics
она обучила его основательно, начиная с азов

pleasure cannot be taken without giving pleasure
удовольствие нельзя получить, не доставляя удовольствия
every gesture, every caress, every touch, every look
каждый жест, каждая ласка, каждое прикосновение, каждый взгляд
every spot of the body, however small it was, had its secret
каждая часть тела, какой бы маленькой она ни была, имела свою тайну
the secrets would bring happiness to those who know them
секреты принесли бы счастье тем, кто их знает
lovers must not part from one another after celebrating love
влюбленные не должны расставаться друг с другом после празднования любви
they must not part without one admiring the other
они не должны расставаться, не полюбовавшись друг другом
they must be as defeated as they have been victorious
они должны быть так же побеждены, как и победили
neither lover should start feeling fed up or bored
ни один из любовников не должен начать чувствовать себя сытым или скучающим
they should not get the evil feeling of having been abusive
у них не должно возникнуть неприятного чувства, что их оскорбили
and they should not feel like they have been abused
и они не должны чувствовать, что с ними обижаются
Wonderful hours he spent with the beautiful and smart artist
Чудесные часы он провел с прекрасной и умной художницей.
he became her student, her lover, her friend
он стал ее учеником, ее любовником, ее другом
Here with Kamala was the worth and purpose of his present life
Здесь, с Камалой, была ценность и цель его нынешней жизни.

his purpose was not with the business of Kamaswami
его цель не была связана с бизнесом Камасвами

Siddhartha received important letters and contracts
Сиддхартха получил важные письма и контракты

Kamaswami began discussing all important affairs with him
Камасвами начал обсуждать с ним все важные дела.

He soon saw that Siddhartha knew little about rice and wool
Вскоре он увидел, что Сиддхартха мало что смыслит в рисе и шерсти.

but he saw that he acted in a fortunate manner
но он увидел, что поступил удачно

and Siddhartha surpassed him in calmness and equanimity
и Сиддхартха превзошел его в спокойствии и невозмутимости

he surpassed him in the art of understanding previously unknown people
он превзошел его в искусстве понимания ранее неизвестных людей

Kamaswami spoke about Siddhartha to a friend
Камасвами рассказал другу о Сиддхартхе

"This Brahman is no proper merchant"
«Этот брахман — не настоящий торговец»

"he will never be a merchant"
«он никогда не будет торговцем»

"for business there is never any passion in his soul"
«к бизнесу в его душе никогда не было страсти»

"But he has a mysterious quality about him"
«Но в нем есть что-то таинственное»

"this quality brings success about all by itself"
«это качество само по себе приносит успех»

"it could be from a good Star of his birth"
"это могло быть от хорошей звезды его рождения"

"or it could be something he has learned among Samanas"
«или это может быть что-то, чему он научился среди саманов»

"He always seems to be merely playing with our business-affairs"
«Он всегда, кажется, просто играет с нашими делами»
"his business never fully becomes a part of him"
«его бизнес никогда полностью не станет его частью»
"his business never rules over him"
«его бизнес никогда не властен над ним»
"he is never afraid of failure"
«он никогда не боится неудач»
"he is never upset by a loss"
«Он никогда не расстраивается из-за проигрыша»
The friend advised the merchant
Друг посоветовал торговцу
"Give him a third of the profits he makes for you"
«Отдайте ему треть прибыли, которую он вам приносит»
"but let him also be liable when there are losses"
«но пусть он также будет ответственным, когда есть убытки»
"Then, he'll become more zealous"
«Тогда он станет более ревностным»
Kamaswami was curious, and followed the advice
Камасвами был любопытен и последовал совету
But Siddhartha cared little about loses or profits
Но Сиддхартху мало заботили убытки или прибыли.
When he made a profit, he accepted it with equanimity
Когда он получал прибыль, он принимал ее с невозмутимостью.
when he made losses, he laughed it off
когда он терпел убытки, он смеялся над этим
It seemed indeed, as if he did not care about the business
Казалось, что его действительно не волновало это дело.
At one time, he travelled to a village
Однажды он отправился в деревню
he went there to buy a large harvest of rice
он отправился туда, чтобы купить большой урожай риса
But when he got there, the rice had already been sold

Но когда он пришел туда, рис уже был продан.
another merchant had gotten to the village before him
другой торговец добрался до деревни раньше него
Nevertheless, Siddhartha stayed for several days in that village
Тем не менее, Сиддхартха пробыл в этой деревне несколько дней.
he treated the farmers for a drink
он угостил фермеров выпивкой
he gave copper-coins to their children
он дал медные монеты их детям
he joined in the celebration of a wedding
он присоединился к празднованию свадьбы
and he returned extremely satisfied from his trip
и он вернулся из поездки чрезвычайно довольным
Kamaswami was angry that Siddhartha had wasted time and money
Камасвами был зол на Сиддхартху, который зря потратил время и деньги.
Siddhartha answered "Stop scolding, dear friend!"
Сиддхартха ответил: «Перестань ругаться, дорогой друг!»
"Nothing was ever achieved by scolding"
«Руганью ничего не добиться»
"If a loss has occurred, let me bear that loss"
«Если случилась потеря, позволь мне понести эту потерю»
"I am very satisfied with this trip"
«Я очень доволен этой поездкой»
"I have gotten to know many kinds of people"
«Я познакомился со многими типами людей»
"a Brahman has become my friend"
«Брахман стал моим другом»
"children have sat on my knees"
«дети сидели у меня на коленях»
"farmers have shown me their fields"
«фермеры показали мне свои поля»
"nobody knew that I was a merchant"

«никто не знал, что я торговец»
"That's all very nice," exclaimed Kamaswami indignantly
«Это все очень мило», — возмущенно воскликнул Камасвами.
"but in fact, you are a merchant after all"
«но на самом деле ты все-таки торговец»
"Or did you have only travel for your amusement?"
«Или путешествия были для вас только развлечением?»
"of course I have travelled for my amusement" Siddhartha laughed
«Конечно, я путешествовал ради развлечения», — рассмеялся Сиддхартха.
"For what else would I have travelled?"
«Зачем еще я бы отправился в путешествие?»
"I have gotten to know people and places"
«Я узнал людей и места»
"I have received kindness and trust"
«Я получил доброту и доверие»
"I have found friendships in this village"
«В этой деревне я нашел друзей»
"if I had been Kamaswami, I would have travelled back annoyed"
«Если бы я был Камасвами, я бы вернулся домой раздраженным»
"I would have been in hurry as soon as my purchase failed"
«Я бы поторопился, как только моя покупка сорвалась»
"and time and money would indeed have been lost"
«и время и деньги действительно были бы потеряны»
"But like this, I've had a few good days"
«Но вот так у меня было несколько хороших дней»
"I've learned from my time there"
«Я многому научился за время, проведенное там»
"and I have had joy from the experience"
«и я получил радость от этого опыта»
"I've neither harmed myself nor others by annoyance and hastiness"

«Я не причинил вреда ни себе, ни другим раздражением и поспешностью»
"if I ever return friendly people will welcome me"
«Если я когда-нибудь вернусь, меня встретят дружелюбные люди»
"if I return to do business friendly people will welcome me too"
«Если я вернусь, чтобы заняться бизнесом, люди тоже будут меня приветствовать»
"I praise myself for not showing any hurry or displeasure"
«Я хвалю себя за то, что не проявляю спешки или недовольства»
"So, leave it as it is, my friend"
«Так что оставь всё как есть, мой друг»
"and don't harm yourself by scolding"
"и не вреди себе руганью"
"If you see Siddhartha harming himself, then speak with me"
«Если ты увидишь, как Сиддхартха причиняет себе вред, то поговори со мной».
"and Siddhartha will go on his own path"
«и Сиддхартха пойдет своим путем»
"But until then, let's be satisfied with one another"
«Но до тех пор давайте будем довольны друг другом»
the merchant's attempts to convince Siddhartha were futile
попытки торговца убедить Сиддхартху были тщетны
he could not make Siddhartha eat his bread
он не мог заставить Сиддхартху съесть свой хлеб
Siddhartha ate his own bread
Сиддхартха ел свой собственный хлеб
or rather, they both ate other people's bread
или, скорее, они оба ели чужой хлеб
Siddhartha never listened to Kamaswami's worries
Сиддхартха никогда не слушал беспокойства Камасвами
and Kamaswami had many worries he wanted to share

и Камасвами имел много забот, которыми он хотел поделиться
there were business-deals going on in danger of failing
были деловые сделки, которые находились под угрозой срыва
shipments of merchandise seemed to have been lost
партии товаров, похоже, были утеряны
debtors seemed to be unable to pay
должники, казалось, были не в состоянии платить
Kamaswami could never convince Siddhartha to utter words of worry
Камасвами так и не смог убедить Сиддхартху произнести слова беспокойства
Kamaswami could not make Siddhartha feel anger towards business
Камасвами не смог заставить Сиддхартху почувствовать гнев по отношению к бизнесу
he could not get him to to have wrinkles on the forehead
он не мог заставить его иметь морщины на лбу
he could not make Siddhartha sleep badly
он не мог заставить Сиддхартху плохо спать

one day, Kamaswami tried to speak with Siddhartha
Однажды Камасвами попытался поговорить с Сиддхартхой
"Siddhartha, you have failed to learn anything new"
«Сиддхартха, ты не смог узнать ничего нового»
but again, Siddhartha laughed at this
но Сиддхартха снова рассмеялся над этим
"Would you please not kid me with such jokes"
«Пожалуйста, не шутите со мной такими шутками»
"What I've learned from you is how much a basket of fish costs"
«От тебя я узнал, сколько стоит корзина рыбы».
"and I learned how much interest may be charged on loaned money"

«и я узнал, какой процент может взиматься за одолженные деньги»

"These are your areas of expertise"
«Это ваши области знаний»

"I haven't learned to think from you, my dear Kamaswami"
«Я не научился у тебя думать, мой дорогой Камасвами»

"you ought to be the one seeking to learn from me"
«Ты должен быть тем, кто хочет учиться у меня»

Indeed his soul was not with the trade
Действительно, душа его не была в торговле.

The business was good enough to provide him with money for Kamala
Бизнес был достаточно хорош, чтобы обеспечить ему деньги для Камалы.

and it earned him much more than he needed
и это принесло ему гораздо больше, чем ему было нужно

Besides Kamala, Siddhartha's curiosity was with the people
Помимо Камалы, любопытство Сиддхартхи было направлено на людей

their businesses, crafts, worries, and pleasures
их бизнес, ремесла, заботы и удовольствия

all these things used to be alien to him
все эти вещи были ему чужды

their acts of foolishness used to be as distant as the moon
Их глупые поступки были такими же далекими, как луна.

he easily succeeded in talking to all of them
ему легко удалось поговорить со всеми из них

he could live with all of them
он мог бы жить со всеми ними

and he could continue to learn from all of them
и он мог бы продолжать учиться у всех них

but there was something which separated him from them
но было что-то, что отделяло его от них

he could feel a divide between him and the people
он мог чувствовать пропасть между ним и народом

this separating factor was him being a Samana

этим разделяющим фактором было то, что он был саманой
He saw mankind going through life in a childlike manner
Он видел, как человечество проходит жизнь по-детски.
in many ways they were living the way animals live
во многом они жили так, как живут животные
he loved and also despised their way of life
он любил и презирал их образ жизни
He saw them toiling and suffering
Он видел, как они трудились и страдали.
they were becoming gray for things unworthy of this price
они становились серыми из-за вещей, недостойных этой цены
they did things for money and little pleasures
они делали вещи ради денег и маленьких удовольствий
they did things for being slightly honoured
они делали вещи, чтобы их немного почитали
he saw them scolding and insulting each other
он видел, как они ругались и оскорбляли друг друга
he saw them complaining about pain
он видел, как они жаловались на боль
pains at which a Samana would only smile
боли, на которые самана только улыбнулась бы
and he saw them suffering from deprivations
и он увидел, как они страдают от лишений
deprivations which a Samana would not feel
лишения, которые самана не чувствовала бы
He was open to everything these people brought his way
Он был открыт всему, что эти люди приносили ему.
welcome was the merchant who offered him linen for sale
Приветствовали его торговца, который предложил ему полотно для продажи.
welcome was the debtor who sought another loan
приветствуем был должник, который искал еще один кредит

welcome was the beggar who told him the story of his poverty
был желанным гостем нищий, который рассказал ему историю своей бедности
the beggar who was not half as poor as any Samana
нищий, который не был и вполовину так беден, как любой самана
He did not treat the rich merchant and his servant different
Он не относился по-разному к богатому купцу и его слуге.
he let street-vendor cheat him when buying bananas
он позволил уличному торговцу обмануть его при покупке бананов
Kamaswami would often complain to him about his worries
Камасвами часто жаловался ему на свои беспокойства.
or he would reproach him about his business
или он упрекал его в его бизнесе
he listened curiously and happily
он слушал с любопытством и удовольствием
but he was puzzled by his friend
но он был озадачен своим другом
he tried to understand him
он пытался понять его
and he admitted he was right, up to a certain point
и он признал, что был прав, до определенного момента
there were many who asked for Siddhartha
было много тех, кто просил Сиддхартху
many wanted to do business with him
многие хотели иметь с ним дело
there were many who wanted to cheat him
было много желающих его обмануть
many wanted to draw some secret out of him
многие хотели вытянуть из него какую-нибудь тайну
many wanted to appeal to his sympathy
многие хотели вызвать у него сочувствие
many wanted to get his advice
многие хотели получить его совет

He gave advice to those who wanted it
Он давал советы тем, кто хотел их получить.
he pitied those who needed pity
он жалел тех, кто нуждался в жалости
he made gifts to those who liked presents
он делал подарки тем, кто любил подарки
he let some cheat him a bit
он позволил некоторым немного обмануть его
this game which all people played occupied his thoughts
эта игра, в которую играли все люди, занимала его мысли
he thought about this game just as much as he had about the Gods
он думал об этой игре так же много, как и о богах
deep in his chest he felt a dying voice
глубоко в груди он почувствовал умирающий голос
this voice admonished him quietly
этот голос тихо увещевал его
and he hardly perceived the voice inside of himself
и он едва ли слышал голос внутри себя
And then, for an hour, he became aware of something
И затем, в течение часа, он осознал нечто
he became aware of the strange life he was leading
он осознал, какую странную жизнь он ведет
he realized this life was only a game
он понял, что эта жизнь была всего лишь игрой
at times he would feel happiness and joy
временами он чувствовал счастье и радость
but real life was still passing him by
но реальная жизнь все еще проходила мимо него
and it was passing by without touching him
и он прошел мимо, не коснувшись его
Siddhartha played with his business-deals
Сиддхартха играл со своими делами
Siddhartha found amusement in the people around him
Сиддхартха находил развлечение в людях вокруг себя
but regarding his heart, he was not with them

но сердцем своим он не был с ними
The source ran somewhere, far away from him
Источник убежал куда-то далеко от него.
it ran and ran invisibly
он бежал и бежал невидимо
it had nothing to do with his life any more
это больше не имело никакого отношения к его жизни
at several times he became scared on account of such thoughts
несколько раз он пугался из-за таких мыслей
he wished he could participate in all of these childlike games
он хотел бы участвовать во всех этих детских играх
he wanted to really live
он хотел жить по-настоящему
he wanted to really act in their theatre
он хотел действительно играть в их театре
he wanted to really enjoy their pleasures
он хотел по-настоящему насладиться их удовольствиями
and he wanted to live, instead of just standing by as a spectator
и он хотел жить, а не просто стоять в сторонке как зритель

But again and again, he came back to beautiful Kamala
Но снова и снова он возвращался к прекрасной Камале.
he learned the art of love
он научился искусству любви
and he practised the cult of lust
и он практиковал культ похоти
lust, in which giving and taking becomes one
похоть, в которой даяние и принятие становятся единым целым
he chatted with her and learned from her
он пообщался с ней и узнал от нее
he gave her advice, and he received her advice
он дал ей совет, и он получил ее совет

She understood him better than Govinda used to understand him
Она понимала его лучше, чем когда-то понимал его Говинда.
she was more similar to him than Govinda had been
она была больше похожа на него, чем Говинда
"You are like me," he said to her
«Ты похожа на меня», — сказал он ей.
"you are different from most people"
«ты отличаешься от большинства людей»
"You are Kamala, nothing else"
«Ты Камала, и больше ничего»
"and inside of you, there is a peace and refuge"
«и внутри тебя мир и убежище»
"a refuge to which you can go at every hour of the day"
«убежище, в которое можно прийти в любое время дня»
"you can be at home with yourself"
«Вы можете быть дома с самим собой»
"I can do this too"
«Я тоже так могу»
"Few people have this place"
«Мало у кого есть это место»
"and yet all of them could have it"
"и все же они могли бы иметь это"
"Not all people are smart" said Kamala
«Не все люди умны», — сказала Камала.
"No," said Siddhartha, "that's not the reason why"
«Нет», сказал Сиддхартха, «это не причина».
"Kamaswami is just as smart as I am"
«Камасвами такой же умный, как и я»
"but he has no refuge in himself"
«но он не имеет убежища в себе самом»
"Others have it, although they have the minds of children"
«У других это есть, хотя у них разум детей»
"Most people, Kamala, are like a falling leaf"

«Большинство людей, Камала, подобны падающему листу»
"a leaf which is blown and is turning around through the air"
«лист, который гонится за ветром и кружится в воздухе»
"a leaf which wavers, and tumbles to the ground"
«лист, который колеблется и падает на землю»
"But others, a few, are like stars"
«Но другие, немногие, подобны звездам»
"they go on a fixed course"
«они следуют по установленному курсу»
"no wind reaches them"
«ни один ветер не достигает их»
"in themselves they have their law and their course"
«в себе они имеют свой закон и свой путь»
"Among all the learned men I have met, there was one of this kind"
«Среди всех ученых людей, которых я встречал, был один такой»
"he was a truly perfected one"
«он был поистине совершенным»
"I'll never be able to forget him"
«Я никогда не смогу его забыть»
"It is that Gotama, the exalted one"
«Это тот Готама, возвышенный»
"Thousands of followers are listening to his teachings every day"
«Тысячи последователей слушают его учения каждый день»
"they follow his instructions every hour"
«Они следуют его указаниям каждый час»
"but they are all falling leaves"
"но это все падающие листья"
"not in themselves they have teachings and a law"
«не в себе имеют учения и закона»
Kamala looked at him with a smile

Камала посмотрела на него с улыбкой.
"Again, you're talking about him," she said
«Опять ты говоришь о нем», — сказала она.
"again, you're having a Samana's thoughts"
"опять у тебя мысли саманы"
Siddhartha said nothing, and they played the game of love
Сиддхартха ничего не сказал, и они играли в игру любви.
one of the thirty or forty different games Kamala knew
одна из тридцати или сорока различных игр, которые знала Камала
Her body was flexible like that of a jaguar
Ее тело было гибким, как у ягуара.
flexible like the bow of a hunter
гибкий, как лук охотника
he who had learned from her how to make love
тот, кто научился у нее, как заниматься любовью
he was knowledgeable of many forms of lust
он был осведомлён о многих формах похоти
he that learned from her knew many secrets
тот, кто учился у нее, знал много секретов
For a long time, she played with Siddhartha
Долгое время она играла с Сиддхартхой.
she enticed him and rejected him
она соблазнила его и отвергла его
she forced him and embraced him
она заставила его и обняла его
she enjoyed his masterful skills
она наслаждалась его мастерством
until he was defeated and rested exhausted by her side
пока он не был побеждён и не отдохнул рядом с ней, изнурённый.
The courtesan bent over him
Куртизанка наклонилась над ним
she took a long look at his face
она долго смотрела на его лицо
she looked at his eyes, which had grown tired

она посмотрела в его глаза, которые устали
"You are the best lover I have ever seen" she said thoughtfully
«Ты лучший любовник, которого я когда-либо видела», — задумчиво сказала она.
"You're stronger than others, more supple, more willing"
«Ты сильнее других, более гибок, более готов»
"You've learned my art well, Siddhartha"
«Ты хорошо изучил мое искусство, Сиддхартха»
"At some time, when I'll be older, I'd want to bear your child"
«Когда-нибудь, когда я стану старше, я захочу родить тебе ребенка»
"And yet, my dear, you've remained a Samana"
«И все же, моя дорогая, ты осталась саманой»
"and despite this, you do not love me"
"и несмотря на это, ты меня не любишь"
"there is nobody that you love"
"нет никого, кого ты любишь"
"Isn't it so?" asked Kamala
«Разве это не так?» — спросила Камала.
"It might very well be so," Siddhartha said tiredly
«Вполне возможно, что так оно и есть», — устало сказал Сиддхартха.
"I am like you, because you also do not love"
«Я такой же, как ты, потому что ты тоже не любишь»
"how else could you practise love as a craft?"
«как еще можно практиковать любовь как ремесло?»
"Perhaps, people of our kind can't love"
«Возможно, люди нашего рода не умеют любить»
"The childlike people can love, that's their secret"
«Люди, по-детски наивные, умеют любить, в этом их секрет».

Sansara
Сансара

For a long time, Siddhartha had lived in the world and lust
Долгое время Сиддхартха жил в мире и вожделел
he lived this way though, without being a part of it
он жил таким образом, не будучи его частью
he had killed this off when he had been a Samana
он убил это, когда был саманом
but now they had awoken again
но теперь они снова проснулись
he had tasted riches, lust, and power
он вкусил богатства, похоти и власти
for a long time he had remained a Samana in his heart
долгое время он оставался саманой в своем сердце
Kamala, being smart, had realized this quite right
Камала, будучи умной, поняла это совершенно правильно.
thinking, waiting, and fasting still guided his life
размышления, ожидание и пост по-прежнему направляли его жизнь
the childlike people remained alien to him
ребячливые люди оставались ему чуждыми
and he remained alien to the childlike people
и он остался чуждым для детского народа
Years passed by; surrounded by the good life
Прошли годы; окруженный хорошей жизнью
Siddhartha hardly felt the years fading away
Сиддхартха едва ли чувствовал, как уходят годы.
He had become rich and possessed a house of his own
Он разбогател и имел собственный дом.
he even had his own servants
у него даже были свои слуги
he had a garden before the city, by the river
у него был сад перед городом, у реки
The people liked him and came to him for money or advice

Люди любили его и приходили к нему за деньгами или советом.

but there was nobody close to him, except Kamala
но рядом с ним не было никого, кроме Камалы

the bright state of being awake
яркое состояние бодрствования

the feeling which he had experienced at the height of his youth
чувство, которое он испытал в расцвете своей юности

in those days after Gotama's sermon
в те дни после проповеди Готамы

after the separation from Govinda
после разлуки с Говиндой

the tense expectation of life
напряженное ожидание жизни

the proud state of standing alone
гордое состояние одиночества

being without teachings or teachers
быть без учений и учителей

the supple willingness to listen to the divine voice in his own heart
гибкая готовность прислушиваться к божественному голосу в своем сердце

all these things had slowly become a memory
все эти вещи постепенно стали воспоминанием

the memory had been fleeting, distant, and quiet
воспоминание было мимолетным, далеким и тихим

the holy source, which used to be near, now only murmured
Святой источник, который раньше был рядом, теперь только журчал

the holy source, which used to murmur within himself
святой источник, который журчал в нем самом

Nevertheless, many things he had learned from the Samanas
Тем не менее, он многому научился у саманов.

he had learned from Gotama
он узнал от Готамы

he had learned from his father the Brahman
он узнал от своего отца, что такое Брахман
his father had remained within his being for a long time
его отец оставался внутри его существа в течение долгого времени
moderate living, the joy of thinking, hours of meditation
умеренный образ жизни, радость размышлений, часы медитации
the secret knowledge of the self; his eternal entity
тайное знание себя; его вечная сущность
the self which is neither body nor consciousness
Я, которое не является ни телом, ни сознанием
Many a part of this he still had
Многое из этого у него все еще было.
but one part after another had been submerged
но одна часть за другой была затоплена
and eventually each part gathered dust
и в конце концов каждая часть собрала пыль
a potter's wheel, once in motion, will turn for a long time
гончарный круг, однажды приведенный в движение, будет вращаться долгое время
it loses its vigour only slowly
он теряет свою силу очень медленно
and it comes to a stop only after time
и он останавливается только спустя время
Siddhartha's soul had kept on turning the wheel of asceticism
Душа Сиддхартхи продолжала вращать колесо аскетизма.
the wheel of thinking had kept turning for a long time
колесо мышления продолжало вращаться долгое время
the wheel of differentiation had still turned for a long time
колесо дифференциации еще долго вращалось
but it turned slowly and hesitantly
но он медленно и нерешительно повернулся
and it was close to coming to a standstill
и он был близок к остановке

Slowly, like humidity entering the dying stem of a tree
Медленно, словно влага, проникающая в умирающий ствол дерева.
filling the stem slowly and making it rot
медленно заполняет стебель и заставляет его гнить
the world and sloth had entered Siddhartha's soul
мир и лень вошли в душу Сиддхартхи
slowly it filled his soul and made it heavy
медленно это наполнило его душу и сделало ее тяжелой
it made his soul tired and put it to sleep
это утомило его душу и усыпило ее
On the other hand, his senses had become alive
С другой стороны, его чувства ожили.
there was much his senses had learned
его чувства многому научились
there was much his senses had experienced
его чувства многое пережили
Siddhartha had learned to trade
Сиддхартха научился торговать
he had learned how to use his power over people
он научился использовать свою власть над людьми
he had learned how to enjoy himself with a woman
он научился получать удовольствие от общения с женщиной
he had learned how to wear beautiful clothes
он научился носить красивую одежду
he had learned how to give orders to servants
он научился отдавать приказы слугам
he had learned how to bathe in perfumed waters
он научился купаться в ароматизированной воде
He had learned how to eat tenderly and carefully prepared food
Он научился есть нежно и тщательно приготовленную пищу.
he even ate fish, meat, and poultry
он даже ел рыбу, мясо и птицу

spices and sweets and wine, which causes sloth and forgetfulness
специи, сладости и вино, вызывающее лень и забывчивость
He had learned to play with dice and on a chess-board
Он научился играть в кости и на шахматной доске.
he had learned to watch dancing girls
он научился смотреть на танцующих девушек
he learned to have himself carried about in a sedan-chair
он научился возить себя в портшезе
he learned to sleep on a soft bed
он научился спать на мягкой кровати
But still he felt different from others
Но все равно он чувствовал себя не таким, как другие.
he still felt superior to the others
он все еще чувствовал себя выше остальных
he always watched them with some mockery
он всегда смотрел на них с некоторой насмешкой
there was always some mocking disdain to how he felt about them
В его отношении к ним всегда присутствовало какое-то насмешливое презрение.
the same disdain a Samana feels for the people of the world
то же презрение, которое самана испытывает к людям мира

Kamaswami was ailing and felt annoyed
Камасвами был болен и чувствовал раздражение
he felt insulted by Siddhartha
он почувствовал себя оскорбленным Сиддхартхой
and he was vexed by his worries as a merchant
и его беспокоили его заботы как торговца
Siddhartha had always watched these things with mockery
Сиддхартха всегда смотрел на эти вещи с насмешкой.
but his mockery had become more tired
но его насмешки стали более утомленными

his superiority had become more quiet
его превосходство стало более тихим
as slowly imperceptible as the rainy season passing by
так же медленно, незаметно, как и сезон дождей, проходящий мимо
slowly, Siddhartha had assumed something of the childlike people's ways
Постепенно Сиддхартха перенял что-то от детских человеческих привычек.
he had gained some of their childishness
он перенял часть их ребячливости
and he had gained some of their fearfulness
и он перенял часть их страха
And yet, the more be become like them the more he envied them
И все же, чем больше он становился похожим на них, тем больше он им завидовал.
He envied them for the one thing that was missing from him
Он завидовал им из-за единственной вещи, которой не хватало ему самому.
the importance they were able to attach to their lives
значение, которое они смогли придать своей жизни
the amount of passion in their joys and fears
количество страсти в их радостях и страхах
the fearful but sweet happiness of being constantly in love
страшное, но сладкое счастье быть постоянно влюбленным
These people were in love with themselves all of the time
Эти люди были влюблены в себя все время.
women loved their children, with honours or money
женщины любили своих детей, с почестями или деньгами
the men loved themselves with plans or hopes
мужчины любили себя с планами или надеждами
But he did not learn this from them
Но он не узнал этого от них.
he did not learn the joy of children
он не узнал радости детей

and he did not learn their foolishness
и он не узнал их глупости
what he mostly learned were their unpleasant things
то, что он в основном узнал, были их неприятные вещи
and he despised these things
и он презирал эти вещи
in the morning, after having had company
утром, после того как побыл в компании
more and more he stayed in bed for a long time
все больше и больше он оставался в постели в течение длительного времени
he felt unable to think, and was tired
он чувствовал себя неспособным думать и усталым
he became angry and impatient when Kamaswami bored him with his worries
он становился злым и нетерпеливым, когда Камасвами надоедал ему своими заботами
he laughed just too loud when he lost a game of dice
он слишком громко смеялся, когда проиграл в кости
His face was still smarter and more spiritual than others
Его лицо было еще умнее и духовнее, чем у других.
but his face rarely laughed anymore
но его лицо теперь редко смеялось
slowly, his face assumed other features
медленно его лицо приняло другие черты
the features often found in the faces of rich people
черты, часто встречающиеся на лицах богатых людей
features of discontent, of sickliness, of ill-humour
черты недовольства, болезненности, дурного настроения
features of sloth, and of a lack of love
черты лени и отсутствия любви
the disease of the soul which rich people have
болезнь души, которая есть у богатых людей
Slowly, this disease grabbed hold of him
Постепенно эта болезнь овладела им.
like a thin mist, tiredness came over Siddhartha

Как тонкий туман, усталость окутала Сиддхартху.
slowly, this mist got a bit denser every day
Постепенно этот туман становился гуще с каждым днем.
it got a bit murkier every month
с каждым месяцем становилось все мрачнее
and every year it got a bit heavier
и с каждым годом становилось немного тяжелее
dresses become old with time
платья со временем стареют
clothes lose their beautiful colour over time
одежда со временем теряет свой красивый цвет
they get stains, wrinkles, worn off at the seams
они покрываются пятнами, морщинами, изнашиваются по швам
they start to show threadbare spots here and there
они начинают показывать потертые места тут и там
this is how Siddhartha's new life was
вот какова была новая жизнь Сиддхартхи
the life which he had started after his separation from Govinda
жизнь, которую он начал после разлуки с Говиндой
his life had grown old and lost colour
его жизнь постарела и потеряла краски
there was less splendour to it as the years passed by
с годами великолепия становилось все меньше
his life was gathering wrinkles and stains
его жизнь покрывалась морщинами и пятнами
and hidden at bottom, disappointment and disgust were waiting
и спрятанные на дне разочарование и отвращение ждали
they were showing their ugliness
они показывали свое уродство
Siddhartha did not notice these things
Сиддхартха не замечал этих вещей.
he remembered the bright and reliable voice inside of him
он вспомнил яркий и надежный голос внутри себя

he noticed the voice had become silent
он заметил, что голос стал тихим
the voice which had awoken in him at that time
голос, который пробудился в нем в то время
the voice that had guided him in his best times
голос, который направлял его в лучшие времена
he had been captured by the world
он был захвачен миром
he had been captured by lust, covetousness, sloth
он был охвачен похотью, алчностью, ленью
and finally he had been captured by his most despised vice
и наконец он был захвачен своим самым презираемым пороком
the vice which he mocked the most
порок, который он высмеивал больше всего
the most foolish one of all vices
самый глупый из всех пороков
he had let greed into his heart
он впустил жадность в свое сердце
Property, possessions, and riches also had finally captured him
Имущество, имущество и богатство также окончательно захватили его.
having things was no longer a game to him
иметь вещи больше не было для него игрой
his possessions had become a shackle and a burden
его имущество стало оковами и бременем
It had happened in a strange and devious way
Это произошло странным и коварным образом.
Siddhartha had gotten this vice from the game of dice
Сиддхартха получил этот порок от игры в кости.
he had stopped being a Samana in his heart
он перестал быть саманой в своем сердце
and then he began to play the game for money
и тогда он начал играть в игру на деньги
first he joined the game with a smile

Сначала он присоединился к игре с улыбкой
at this time he only played casually
в это время он играл только небрежно
he wanted to join the customs of the childlike people
он хотел приобщиться к обычаям детского народа
but now he played with an increasing rage and passion
но теперь он играл с возрастающей яростью и страстью
He was a feared gambler among the other merchants
Он был опасным игроком среди других торговцев.
his stakes were so audacious that few dared to take him on
его ставки были настолько дерзкими, что мало кто осмеливался бросить ему вызов
He played the game due to a pain of his heart
Он играл в эту игру из-за боли в сердце.
losing and wasting his wretched money brought him an angry joy
потеря и трата его несчастных денег приносили ему гневную радость
he could demonstrate his disdain for wealth in no other way
он не мог продемонстрировать свое презрение к богатству никаким другим способом
he could not mock the merchants' false god in a better way
он не мог бы лучше высмеять ложного бога торговцев
so he gambled with high stakes
поэтому он играл с высокими ставками
he mercilessly hated himself and mocked himself
он беспощадно ненавидел себя и издевался над собой
he won thousands, threw away thousands
он выиграл тысячи, выбросил тысячи
he lost money, jewellery, a house in the country
он потерял деньги, драгоценности, дом в деревне
he won it again, and then he lost again
он снова выиграл, а потом снова проиграл
he loved the fear he felt while he was rolling the dice
ему нравился страх, который он испытывал, когда бросал кости

he loved feeling worried about losing what he gambled
ему нравилось беспокоиться о том, что он проиграет то, что он сделал
he always wanted to get this fear to a slightly higher level
он всегда хотел поднять этот страх на немного более высокий уровень
he only felt something like happiness when he felt this fear
он чувствовал что-то похожее на счастье только тогда, когда чувствовал этот страх
it was something like an intoxication
это было что-то вроде опьянения
something like an elevated form of life
что-то вроде возвышенной формы жизни
something brighter in the midst of his dull life
что-то более яркое среди его унылой жизни
And after each big loss, his mind was set on new riches
И после каждой большой потери он думал о новых богатствах.
he pursued the trade more zealously
он занялся торговлей более рьяно
he forced his debtors more strictly to pay
он заставил своих должников более строго платить
because he wanted to continue gambling
потому что он хотел продолжать играть в азартные игры
he wanted to continue squandering
он хотел продолжать растрачивать
he wanted to continue demonstrating his disdain of wealth
он хотел продолжить демонстрировать свое презрение к богатству
Siddhartha lost his calmness when losses occurred
Сиддхартха потерял спокойствие, когда случились потери
he lost his patience when he was not paid on time
он потерял терпение, когда ему не заплатили вовремя
he lost his kindness towards beggars
он утратил доброту к нищим
He gambled away tens of thousands at one roll of the dice

Он проиграл десятки тысяч, бросив кости.
he became more strict and more petty in his business
он стал более строгим и более мелочным в своем деле
occasionally, he was dreaming at night about money!
Иногда по ночам ему снились деньги!
whenever he woke up from this ugly spell, he continued fleeing
всякий раз, когда он просыпался от этого ужасного заклинания, он продолжал бежать
whenever he found his face in the mirror to have aged, he found a new game
всякий раз, когда он замечал в зеркале, что его лицо постарело, он находил новую игру
whenever embarrassment and disgust came over him, he numbed his mind
всякий раз, когда его охватывало смущение и отвращение, он заглушал свой разум
he numbed his mind with sex and wine
он притуплял свой разум сексом и вином
and from there he fled back into the urge to pile up and obtain possessions
и оттуда он снова бежал в побуждение накапливать и приобретать имущество
In this pointless cycle he ran
В этом бессмысленном цикле он бежал
from his life he grow tired, old, and ill
от своей жизни он устает, стареет и болеет

Then the time came when a dream warned him
И вот пришло время, когда сон предупредил его
He had spent the hours of the evening with Kamala
Он провел несколько часов вечера с Камалой.
he had been in her beautiful pleasure-garden
он был в ее прекрасном саду удовольствий
They had been sitting under the trees, talking
Они сидели под деревьями и разговаривали.

and Kamala had said thoughtful words
и Камала сказала вдумчивые слова
words behind which a sadness and tiredness lay hidden
слова, за которыми скрывались печаль и усталость
She had asked him to tell her about Gotama
Она попросила его рассказать ей о Готаме.
she could not hear enough of him
она не могла наслушаться его
she loved how clear his eyes were
ей нравилось, какие ясные у него глаза
she loved how still and beautiful his mouth was
ей нравилось, как неподвижен и прекрасен был его рот
she loved the kindness of his smile
ей понравилась доброта его улыбки
she loved how peaceful his walk had been
ей понравилось, насколько мирной была его походка
For a long time, he had to tell her about the exalted Buddha
Долгое время ему приходилось рассказывать ей о возвышенном Будде.
and Kamala had sighed, and spoke
и Камала вздохнула и сказала
"One day, perhaps soon, I'll also follow that Buddha"
«Однажды, возможно, скоро, я тоже последую за этим Буддой»
"I'll give him my pleasure-garden for a gift"
«Я подарю ему свой сад удовольствий»
"and I will take my refuge in his teachings"
«и я найду прибежище в его учении»
But after this, she had aroused him
Но после этого она возбудила его
she had tied him to her in the act of making love
она привязала его к себе во время занятия любовью
with painful fervour, biting and in tears
с болезненным жаром, кусая и в слезах
it was as if she wanted to squeeze the last sweet drop out of this wine

как будто она хотела выжать последнюю сладкую каплю из этого вина

Never before had it become so strangely clear to Siddhartha
Никогда еще Сиддхартхе не было так странно ясно

he felt how close lust was akin to death
он чувствовал, как близко похоть была к смерти

he laid by her side, and Kamala's face was close to him
он лежал рядом с ней, и лицо Камалы было близко к нему

under her eyes and next to the corners of her mouth
под глазами и возле уголков рта

it was as clear as never before
это было ясно как никогда прежде

there read a fearful inscription
там была прочитана страшная надпись

an inscription of small lines and slight grooves
надпись из мелких линий и легких канавок

an inscription reminiscent of autumn and old age
надпись, напоминающая об осени и старости

here and there, gray hairs among his black ones
тут и там, седые волосы среди его черных волос

Siddhartha himself, who was only in his forties, noticed the same thing
Сам Сиддхартха, которому было всего лишь сорок, заметил то же самое.

Tiredness was written on Kamala's beautiful face
Усталость была написана на прекрасном лице Камалы.

tiredness from walking a long path
усталость от долгого пути

a path which has no happy destination
путь, не имеющий счастливого конца

tiredness and the beginning of withering
усталость и начало увядания

fear of old age, autumn, and having to die
страх старости, осени и смерти

With a sigh, he had bid his farewell to her
Со вздохом он попрощался с ней.

the soul full of reluctance, and full of concealed anxiety
душа, полная нежелания и полная скрытого беспокойства

Siddhartha had spent the night in his house with dancing girls
Сиддхартха провел ночь в своем доме с танцовщицами
he acted as if he was superior to them
он действовал так, как будто он был выше их
he acted superior towards the fellow-members of his caste
он вел себя высокомерно по отношению к членам своей касты
but this was no longer true
но это уже не было правдой
he had drunk much wine that night
он выпил много вина в ту ночь
and he went to bed a long time after midnight
и он лег спать далеко за полночь
tired and yet excited, close to weeping and despair
усталый и в то же время взволнованный, близкий к плачу и отчаянию
for a long time he sought to sleep, but it was in vain
долго он пытался уснуть, но тщетно
his heart was full of misery
его сердце было полно горя
he thought he could not bear any longer
он думал, что больше не выдержит
he was full of a disgust, which he felt penetrating his entire body
он был полон отвращения, которое, как он чувствовал, пронизывало все его тело
like the lukewarm repulsive taste of the wine
как отвратительный, теплый вкус вина
the dull music was a little too happy
скучная музыка была слишком радостной
the smile of the dancing girls was a little too soft

Улыбка танцующих девушек была немного слишком мягкой.
the scent of their hair and breasts was a little too sweet
запах их волос и грудей был слишком сладким
But more than by anything else, he was disgusted by himself
Но больше всего он был противен самому себе.
he was disgusted by his perfumed hair
ему были противны его надушенные волосы
he was disgusted by the smell of wine from his mouth
ему был противен запах вина изо рта
he was disgusted by the listlessness of his skin
он испытывал отвращение к безразличию своей кожи
Like when someone who has eaten and drunk far too much
Как будто кто-то слишком много съел и выпил
they vomit it back up again with agonising pain
они снова выплевывают его обратно с мучительной болью
but they feel relieved by the vomiting
но они чувствуют облегчение от рвоты
this sleepless man wished to free himself of these pleasures
этот бессонный человек хотел освободиться от этих удовольствий
he wanted to be rid of these habits
он хотел избавиться от этих привычек
he wanted to escape all of this pointless life
он хотел убежать от всей этой бессмысленной жизни
and he wanted to escape from himself
и он хотел убежать от себя
it wasn't until the light of the morning when he had slightly fallen sleep
только с рассветом он слегка задремал
the first activities in the street were already beginning
первые действия на улице уже начались
for a few moments he had found a hint of sleep
на несколько мгновений он обрел намек на сон
In those moments, he had a dream

В те моменты ему приснился сон.
Kamala owned a small, rare singing bird in a golden cage
У Камалы была маленькая редкая певчая птичка в золотой клетке.
it always sung to him in the morning
она всегда пела ему по утрам
but then he dreamt this bird had become mute
но потом ему приснилось, что эта птица стала немой
since this arose his attention, he stepped in front of the cage
поскольку это привлекло его внимание, он встал перед клеткой
he looked at the bird inside the cage
он посмотрел на птицу внутри клетки
the small bird was dead, and lay stiff on the ground
маленькая птичка была мертва и лежала на земле, застыв
He took the dead bird out of its cage
Он вынул мертвую птицу из клетки
he took a moment to weigh the dead bird in his hand
он потратил немного времени, чтобы взвесить мертвую птицу в своей руке
and then threw it away, out in the street
а затем выбросил его на улицу
in the same moment he felt terribly shocked
в тот же момент он почувствовал себя ужасно потрясенным
his heart hurt as if he had thrown away all value
его сердце болело так, словно он отбросил все ценности
everything good had been inside of this dead bird
все хорошее было внутри этой мертвой птицы
Starting up from this dream, he felt encompassed by a deep sadness
Проснувшись от этого сна, он почувствовал, что его охватывает глубокая печаль.
everything seemed worthless to him
все казалось ему бесполезным

worthless and pointless was the way he had been going through life
бесполезным и бессмысленным был его путь по жизни
nothing which was alive was left in his hands
ничего живого не осталось в его руках
nothing which was in some way delicious could be kept
ничего, что было хоть как-то вкусно, не могло быть сохранено
nothing worth keeping would stay
ничего стоящего сохранения не останется
alone he stood there, empty like a castaway on the shore
Он стоял там один, пустой, словно выброшенный на берег.

With a gloomy mind, Siddhartha went to his pleasure-garden
С мрачным умом Сиддхартха отправился в свой сад удовольствий.
he locked the gate and sat down under a mango-tree
он запер ворота и сел под манговым деревом
he felt death in his heart and horror in his chest
он чувствовал смерть в своем сердце и ужас в своей груди
he sensed how everything died and withered in him
он чувствовал, как в нем все умирало и увядало
By and by, he gathered his thoughts in his mind
Постепенно он собрал свои мысли в уме.
once again, he went through the entire path of his life
еще раз он прошел весь путь своей жизни
he started with the first days he could remember
он начал с первых дней, которые он мог вспомнить
When was there ever a time when he had felt a true bliss?
Когда он когда-нибудь чувствовал настоящее блаженство?
Oh yes, several times he had experienced such a thing
О да, он уже несколько раз испытывал подобное.
In his years as a boy he had had a taste of bliss
В свои мальчишеские годы он вкусил блаженства

he had felt happiness in his heart when he obtained praise from the Brahmans
он почувствовал радость в своем сердце, когда получил похвалу от брахманов
"There is a path in front of the one who has distinguished himself"
«Перед тем, кто отличился, лежит путь»
he had felt bliss reciting the holy verses
он чувствовал блаженство, читая священные стихи
he had felt bliss disputing with the learned ones
он чувствовал блаженство, споря с учеными
he had felt bliss when he was an assistant in the offerings
он чувствовал блаженство, когда был помощником в подношениях
Then, he had felt it in his heart
Тогда он почувствовал это в своем сердце
"There is a path in front of you"
«Перед тобой лежит тропа»
"you are destined for this path"
«Тебе суждено идти по этому пути»
"the gods are awaiting you"
«боги ждут тебя»
And again, as a young man, he had felt bliss
И снова, будучи молодым человеком, он почувствовал блаженство
when his thoughts separated him from those thinking on the same things
когда его мысли отделились от тех, кто думал о тех же вещах
when he wrestled in pain for the purpose of Brahman
когда он боролся с болью ради цели Брахмана
when every obtained knowledge only kindled new thirst in him
когда каждое полученное знание только разжигало в нем новую жажду
in the midst of the pain he felt this very same thing

посреди боли он чувствовал то же самое
"Go on! You are called upon!"
«Вперед! Тебя зовут!»
He had heard this voice when he had left his home
Он услышал этот голос, когда вышел из дома.
he heard heard this voice when he had chosen the life of a Samana
он услышал этот голос, когда выбрал жизнь самана
and again he heard this voice when left the Samanas
и снова он услышал этот голос, когда вышел из саманов
he had heard the voice when he went to see the perfected one
он услышал голос, когда пошел посмотреть на совершенного
and when he had gone away from the perfected one, he had heard the voice
и когда он отошел от совершенного, он услышал голос
he had heard the voice when he went into the uncertain
он услышал голос, когда вошел в неопределенность
For how long had he not heard this voice anymore?
Как долго он больше не слышал этот голос?
for how long had he reached no height anymore?
как долго он уже не достигал никакой высоты?
how even and dull was the manner in which he went through life?
насколько ровно и скучно он шел по жизни?
for many long years without a high goal
долгие годы без высокой цели
he had been without thirst or elevation
он был без жажды или возвышения
he had been content with small lustful pleasures
он довольствовался мелкими похотливыми удовольствиями
and yet he was never satisfied!
и все же он никогда не был удовлетворен!

For all of these years he had tried hard to become like the others
Все эти годы он изо всех сил старался стать таким, как все.
he longed to be one of the childlike people
он хотел быть одним из тех людей, которые ведут себя по-детски
but he didn't know that that was what he really wanted
но он не знал, что это было то, чего он действительно хотел.
his life had been much more miserable and poorer than theirs
его жизнь была гораздо несчастнее и беднее, чем их
because their goals and worries were not his
потому что их цели и заботы не были его
the entire world of the Kamaswami-people had only been a game to him
весь мир людей Камасвами был для него всего лишь игрой
their lives were a dance he would watch
Их жизнь была танцем, за которым он наблюдал.
they performed a comedy he could amuse himself with
они разыграли комедию, которой он мог себя развлечь
Only Kamala had been dear and valuable to him
Только Камала была ему дорога и ценна.
but was she still valuable to him?
но была ли она по-прежнему ценна для него?
Did he still need her?
Нужна ли она ему по-прежнему?
Or did she still need him?
Или он ей все еще нужен?
Did they not play a game without an ending?
Разве они не играли в игру без конца?
Was it necessary to live for this?
Нужно ли было ради этого жить?
No, it was not necessary!
Нет, в этом не было необходимости!
The name of this game was Sansara

Название этой игры было Сансара.
a game for children which was perhaps enjoyable to play once
игра для детей, в которую, возможно, было приятно играть когда-то
maybe it could be played twice
может быть, это можно было бы воспроизвести дважды
perhaps you could play it ten times
возможно, вы могли бы сыграть это десять раз
but should you play it for ever and ever?
но стоит ли играть в нее вечно?
Then, Siddhartha knew that the game was over
Тогда Сиддхартха понял, что игра окончена.
he knew that he could not play it any more
он знал, что больше не может в нее играть
Shivers ran over his body and inside of him
Дрожь пробежала по его телу и внутри него.
he felt that something had died
он почувствовал, что что-то умерло

That entire day, he sat under the mango-tree
Весь этот день он просидел под манговым деревом.
he was thinking of his father
он думал о своем отце
he was thinking of Govinda
он думал о Говинде
and he was thinking of Gotama
и он думал о Готаме
Did he have to leave them to become a Kamaswami?
Должен ли он был оставить их, чтобы стать Камасвами?
He was still sitting there when the night had fallen
Он все еще сидел там, когда наступила ночь.
he caught sight of the stars, and thought to himself
он увидел звезды и подумал про себя:
"Here I'm sitting under my mango-tree in my pleasure-garden"

«Вот я сижу под своим манговым деревом в своем саду удовольствий»
He smiled a little to himself
Он слегка улыбнулся про себя.
was it really necessary to own a garden?
Действительно ли было необходимо иметь сад?
was it not a foolish game?
Разве это не глупая игра?
did he need to own a mango-tree?
нужно ли ему было владеть манговым деревом?
He also put an end to this
Он также положил конец этому
this also died in him
это также умерло в нем
He rose and bid his farewell to the mango-tree
Он встал и попрощался с манговым деревом.
he bid his farewell to the pleasure-garden
он попрощался с садом удовольствий
Since he had been without food this day, he felt strong hunger
Так как в этот день он ничего не ел, он почувствовал сильный голод.
and he thought of his house in the city
и он подумал о своем доме в городе
he thought of his chamber and bed
он думал о своей комнате и постели
he thought of the table with the meals on it
он подумал о столе с едой на нем
He smiled tiredly, shook himself, and bid his farewell to these things
Он устало улыбнулся, встряхнулся и попрощался со всем этим.
In the same hour of the night, Siddhartha left his garden
В тот же час ночи Сиддхартха покинул свой сад
he left the city and never came back
он покинул город и не вернулся

For a long time, Kamaswami had people look for him
Долгое время Камасвами заставлял людей искать его.
they thought he had fallen into the hands of robbers
они думали, что он попал в руки грабителей
Kamala had no one look for him
Камала не заставила никого его искать.
she was not astonished by his disappearance
она не была удивлена его исчезновением
Did she not always expect it?
Разве она не ожидала этого всегда?
Was he not a Samana?
Разве он не был саманом?
a man who was at home nowhere, a pilgrim
человек, который нигде не был дома, паломник
she had felt this the last time they had been together
она чувствовала это в последний раз, когда они были вместе
she was happy despite all the pain of the loss
она была счастлива, несмотря на всю боль утраты
she was happy she had been with him one last time
она была счастлива, что была с ним в последний раз
she was happy she had pulled him so affectionately to her heart
она была счастлива, что так нежно прижала его к своему сердцу
she was happy she had felt completely possessed and penetrated by him
она была счастлива, что чувствовала себя полностью одержимой и пронизанной им
When she received the news, she went to the window
Когда она получила эту новость, она подошла к окну.
at the window she held a rare singing bird
у окна она держала редкую певчую птицу
the bird was held captive in a golden cage
Птицу держали в плену в золотой клетке.

She opened the door of the cage
Она открыла дверцу клетки.
she took the bird out and let it fly
она вытащила птицу и отпустила ее
For a long time, she gazed after it
Долго она смотрела ему вслед
From this day on, she received no more visitors
С этого дня она больше не принимала посетителей.
and she kept her house locked
и она держала свой дом запертым
But after some time, she became aware that she was pregnant
Но через некоторое время она поняла, что беременна.
she was pregnant from the last time she was with Siddhartha
она была беременна с последнего раза, когда была с Сиддхартхой

By the River
У реки

Siddhartha walked through the forest
Сиддхартха шел по лесу
he was already far from the city
он был уже далеко от города
and he knew nothing but one thing
и он не знал ничего, кроме одного
there was no going back for him
для него не было пути назад
the life that he had lived for many years was over
жизнь, которой он жил много лет, закончилась
he had tasted all of this life
он попробовал всю эту жизнь
he had sucked everything out of this life
он высосал из этой жизни все
until he was disgusted with it
пока он не почувствовал отвращение к этому
the singing bird he had dreamt of was dead
певчая птица, о которой он мечтал, умерла
and the bird in his heart was dead too
и птица в его сердце тоже умерла
he had been deeply entangled in Sansara
он был глубоко запутан в Сансаре
he had sucked up disgust and death into his body
он впитал в свое тело отвращение и смерть
like a sponge sucks up water until it is full
как губка впитывает воду, пока не наполнится
he was full of misery and death
он был полон страданий и смерти
there was nothing left in this world which could have attracted him
в этом мире не осталось ничего, что могло бы его привлечь
nothing could have given him joy or comfort
ничто не могло бы дать ему радость или утешение

he passionately wished to know nothing about himself anymore
он страстно желал больше ничего не знать о себе
he wanted to have rest and be dead
он хотел отдохнуть и умереть
he wished there was a lightning-bolt to strike him dead!
он бы хотел, чтобы его поразила молния!
If there only was a tiger to devour him!
Если бы только нашелся тигр, который бы его сожрал!
If there only was a poisonous wine which would numb his senses
Если бы только существовало ядовитое вино, которое притупило бы его чувства,
a wine which brought him forgetfulness and sleep
вино, которое принесло ему забвение и сон
a wine from which he wouldn't awake from
вино, от которого он не проснется
Was there still any kind of filth he had not soiled himself with?
Была ли еще хоть какая-то грязь, которой он не запачкался?
was there a sin or foolish act he had not committed?
Был ли грех или глупый поступок, который он не совершил?
was there a dreariness of the soul he didn't know?
Была ли в душе тоска, которой он не знал?
was there anything he had not brought upon himself?
Было ли что-то, что он не навлек на себя?
Was it still at all possible to be alive?
Возможно ли вообще остаться в живых?
Was it possible to breathe in again and again?
Возможно ли было вдыхать снова и снова?
Could he still breathe out?
Сможет ли он еще выдохнуть?
was he able to bear hunger?
мог ли он переносить голод?

was there any way to eat again?
был ли какой-то способ снова поесть?
was it possible to sleep again?
можно ли снова заснуть?
could he sleep with a woman again?
сможет ли он снова переспать с женщиной?
had this cycle not exhausted itself?
разве этот цикл не исчерпал себя?
were things not brought to their conclusion?
неужели дела не доведены до конца?

Siddhartha reached the large river in the forest
Сиддхартха достиг большой реки в лесу.
it was the same river he crossed when he had still been a young man
это была та же река, которую он пересек, когда был еще молодым человеком
it was the same river he crossed from the town of Gotama
это была та же река, которую он пересек из города Готама
he remembered a ferryman who had taken him over the river
он вспомнил паромщика, который перевез его через реку
By this river he stopped, and hesitantly he stood at the bank
У этой реки он остановился и в нерешительности постоял на берегу
Tiredness and hunger had weakened him
Усталость и голод ослабили его.
"what should I walk on for?"
«Зачем мне идти?»
"to what goal was there left to go?"
«до какой цели оставалось идти?»
No, there were no more goals
Нет, больше не было голов.
there was nothing left but a painful yearning to shake off this dream

не осталось ничего, кроме мучительного желания
избавиться от этого сна.
he yearned to spit out this stale wine
он жаждал выплюнуть это несвежее вино
he wanted to put an end to this miserable and shameful life
он хотел положить конец этой жалкой и позорной жизни
a coconut-tree bent over the bank of the river
кокосовая пальма склонилась над берегом реки
Siddhartha leaned against its trunk with his shoulder
Сиддхартха прислонился плечом к стволу дерева
he embraced the trunk with one arm
он обнял ствол одной рукой
and he looked down into the green water
и он посмотрел вниз на зеленую воду
the water ran under him
вода текла под ним
he looked down and found himself to be entirely filled with the wish to let go
он посмотрел вниз и обнаружил, что полностью полон желания отпустить
he wanted to drown in these waters
он хотел утонуть в этих водах
the water reflected a frightening emptiness back at him
вода отражала пугающую пустоту, обращенную к нему
the water answered to the terrible emptiness in his soul
вода ответила на ужасную пустоту в его душе
Yes, he had reached the end
Да, он дошел до конца.
There was nothing left for him, except to annihilate himself
Ему ничего не оставалось, как уничтожить себя.
he wanted to smash the failure into which he had shaped his life
он хотел разбить вдребезги неудачу, в которую он превратил свою жизнь
he wanted to throw his life before the feet of mockingly laughing gods

он хотел бросить свою жизнь к ногам насмешливо смеющихся богов

This was the great vomiting he had longed for; death

Это была та самая сильная рвота, которую он так жаждал; смерть

the smashing to bits of the form he hated

разбивая вдребезги форму, которую он ненавидел

Let him be food for fishes and crocodiles

Пусть он будет пищей рыбам и крокодилам.

Siddhartha the dog, a lunatic

Сиддхартха, собака, сумасшедший

a depraved and rotten body; a weakened and abused soul!

развращенное и гнилое тело; ослабленная и измученная душа!

let him be chopped to bits by the daemons

пусть демоны разорвут его на куски

With a distorted face, he stared into the water

С искаженным лицом он уставился в воду.

he saw the reflection of his face and spat at it

он увидел отражение своего лица и плюнул в него

In deep tiredness, he took his arm away from the trunk of the tree

В глубокой усталости он отнял руку от ствола дерева.

he turned a bit, in order to let himself fall straight down

он немного повернулся, чтобы позволить себе упасть прямо вниз

in order to finally drown in the river

чтобы в конце концов утонуть в реке

With his eyes closed, he slipped towards death

Закрыв глаза, он скользнул к смерти.

Then, out of remote areas of his soul, a sound stirred up

И тут из самых отдаленных уголков его души раздался звук.

a sound stirred up out of past times of his now weary life

звук, вызванный из прошлых времен его теперь уже утомленной жизни

It was a singular word, a single syllable
Это было единственное слово, один слог.
without thinking he spoke the voice to himself
не думая, он говорил голосом сам с собой
he slurred the beginning and the end of all prayers of the Brahmans
он невнятно произносил начало и конец всех молитв брахманов
he spoke the holy Om
он произнес священный Ом
"that what is perfect" or "the completion"
«то, что совершенно» или «завершение»
And in the moment he realized the foolishness of his actions
И в тот момент он осознал всю глупость своих действий.
the sound of Om touched Siddhartha's ear
звук Ом коснулся уха Сиддхартхи
his dormant spirit suddenly woke up
его спящий дух внезапно проснулся
Siddhartha was deeply shocked
Сиддхартха был глубоко потрясен
he saw this was how things were with him
он увидел, что вот как обстоят дела с ним
he was so doomed that he had been able to seek death
он был настолько обречен, что мог искать смерти
he had lost his way so much that he wished the end
он настолько заблудился, что желал конца
the wish of a child had been able to grow in him
желание ребенка смогло вырасти в нем
he had wished to find rest by annihilating his body!
он хотел обрести покой, уничтожив свое тело!
all the agony of recent times
все муки последних времен
all sobering realizations that his life had created
все отрезвляющие осознания того, что его жизнь создала
all the desperation that he had felt
все отчаяние, которое он чувствовал

these things did not bring about this moment
эти вещи не привели к этому моменту
when the Om entered his consciousness he became aware of himself
когда Ом вошел в его сознание, он осознал себя
he realized his misery and his error
он осознал свое несчастье и свою ошибку
Om! he spoke to himself
Ом! он говорил сам с собой
Om! and again he knew about Brahman
Ом! и снова он узнал о Брахмане
Om! he knew about the indestructibility of life
Ом! он знал о неуничтожимости жизни
Om! he knew about all that is divine, which he had forgotten
Ом! он знал обо всем божественном, о чем забыл
But this was only a moment that flashed before him
Но это был лишь миг, промелькнувший перед ним.
By the foot of the coconut-tree, Siddhartha collapsed
У подножия кокосовой пальмы Сиддхартха рухнул.
he was struck down by tiredness
он был сражен усталостью
mumbling "Om", he placed his head on the root of the tree
пробормотав «Ом», он положил голову на корень дерева
and he fell into a deep sleep
и он погрузился в глубокий сон
Deep was his sleep, and without dreams
Глубоким был его сон, и без сновидений
for a long time he had not known such a sleep any more
давно он уже не знал такого сна

When he woke up after many hours, he felt as if ten years had passed
Когда он проснулся после многих часов, у него было такое чувство, будто прошло десять лет.
he heard the water quietly flowing

он услышал, как тихо течет вода
he did not know where he was
он не знал, где он был
and he did not know who had brought him here
и он не знал, кто привел его сюда
he opened his eyes and looked with astonishment
он открыл глаза и посмотрел с удивлением
there were trees and the sky above him
над ним были деревья и небо
he remembered where he was and how he got here
он вспомнил, где он был и как сюда попал
But it took him a long while for this
Но ему потребовалось много времени для этого
the past seemed to him as if it had been covered by a veil
прошлое казалось ему как будто покрытым пеленой
infinitely distant, infinitely far away, infinitely meaningless
бесконечно далекий, бесконечно далекий, бесконечно бессмысленный
He only knew that his previous life had been abandoned
Он знал только, что его предыдущая жизнь была заброшена.
this past life seemed to him like a very old, previous incarnation
эта прошлая жизнь казалась ему очень старой, предыдущей инкарнацией
this past life felt like a pre-birth of his present self
эта прошлая жизнь ощущалась как предрождение его настоящего «я»
full of disgust and wretchedness, he had intended to throw his life away
полный отвращения и жалости, он намеревался покончить с собой
he had come to his senses by a river, under a coconut-tree
он пришел в себя у реки, под кокосовой пальмой
the holy word "Om" was on his lips
Священное слово «Ом» было на его губах.

he had fallen asleep and had now woken up
он заснул и теперь проснулся
he was looking at the world as a new man
он смотрел на мир как новый человек
Quietly, he spoke the word "Om" to himself
Тихо он про себя произнес слово «Ом».
the "Om" he was speaking when he had fallen asleep
«Ом», который он говорил, когда засыпал
his sleep felt like nothing more than a long meditative recitation of "Om"
его сон был похож на долгое медитативное повторение мантры «Ом».
all his sleep had been a thinking of "Om"
Весь его сон был наполнен мыслями о «Ом».
a submergence and complete entering into "Om"
погружение и полное вхождение в «Ом»
a going into the perfected and completed
вхождение в усовершенствованное и завершенное
What a wonderful sleep this had been!
Какой чудесный это был сон!
he had never before been so refreshed by sleep
он никогда еще не был так освежен сном
Perhaps, he really had died
Возможно, он действительно умер.
maybe he had drowned and was reborn in a new body?
может быть, он утонул и возродился в новом теле?
But no, he knew himself and who he was
Но нет, он знал себя и то, кем он был.
he knew his hands and his feet
он знал свои руки и ноги
he knew the place where he lay
он знал место, где он лежал
he knew this self in his chest
он знал это я в своей груди
Siddhartha the eccentric, the weird one
Сиддхартха — эксцентричный, странный

but this Siddhartha was nevertheless transformed
но этот Сиддхартха все же был преобразован
he was strangely well rested and awake
он был странно хорошо отдохнувшим и бодрым
and he was joyful and curious
и он был радостным и любопытным

Siddhartha straightened up and looked around
Сиддхартха выпрямился и огляделся вокруг.
then he saw a person sitting opposite to him
затем он увидел человека, сидящего напротив него
a monk in a yellow robe with a shaven head
монах в желтой мантии с бритой головой
he was sitting in the position of pondering
он сидел в позе размышления
He observed the man, who had neither hair on his head nor a beard
Он заметил человека, у которого не было ни волос на голове, ни бороды.
he had not observed him for long when he recognised this monk
он не наблюдал за ним долго, когда он узнал этого монаха
it was Govinda, the friend of his youth
это был Говинда, друг его юности
Govinda, who had taken his refuge with the exalted Buddha
Говинда, который нашел прибежище у возвышенного Будды
Like Siddhartha, Govinda had also aged
Как и Сиддхартха, Говинда тоже постарел.
but his face still bore the same features
но его лицо все еще имело те же черты
his face still expressed zeal and faithfulness
его лицо по-прежнему выражало рвение и верность
you could see he was still searching, but timidly
было видно, что он все еще ищет, но робко

Govinda sensed his gaze, opened his eyes, and looked at him
Говинда почувствовал его взгляд, открыл глаза и посмотрел на него.
Siddhartha saw that Govinda did not recognise him
Сиддхартха увидел, что Говинда не узнал его.
Govinda was happy to find him awake
Говинда был рад найти его бодрствующим.
apparently, he had been sitting here for a long time
судя по всему, он сидел здесь уже долгое время
he had been waiting for him to wake up
он ждал, когда тот проснется
he waited, although he did not know him
он ждал, хотя он его не знал
"I have been sleeping" said Siddhartha
«Я спал», — сказал Сиддхартха.
"How did you get here?"
«Как вы сюда попали?»
"You have been sleeping" answered Govinda
«Ты спал», — ответил Говинда.
"It is not good to be sleeping in such places"
«В таких местах спать нехорошо»
"snakes and the animals of the forest have their paths here"
«Здесь пролегают тропы змей и лесных зверей»
"I, oh sir, am a follower of the exalted Gotama"
«Я, о господин, последователь возвышенного Готамы».
"I was on a pilgrimage on this path"
«Я совершал паломничество по этому пути»
"I saw you lying and sleeping in a place where it is dangerous to sleep"
«Я видел, как ты лежал и спал в месте, где спать опасно»
"Therefore, I sought to wake you up"
«Поэтому я и стремился разбудить тебя».
"but I saw that your sleep was very deep"
«но я видел, что твой сон был очень глубоким»
"so I stayed behind from my group"

"поэтому я остался позади своей группы"
"and I sat with you until you woke up"
"и я сидела с тобой, пока ты не проснулся"
"And then, so it seems, I have fallen asleep myself"
«И тут, кажется, я сам уснул».
"I, who wanted to guard your sleep, fell asleep"
«Я, который хотел охранять твой сон, уснул».
"Badly, I have served you"
«Плохо я тебе служил»
"tiredness had overwhelmed me"
«Усталость одолела меня»
"But since you're awake, let me go to catch up with my brothers"
«Но раз ты не спишь, позволь мне пойти догнать моих братьев».
"I thank you, Samana, for watching out over my sleep" spoke Siddhartha
«Я благодарю тебя, Самана, за то, что ты охраняешь мой сон», — сказал Сиддхартха.
"You're friendly, you followers of the exalted one"
«Вы дружелюбны, вы, последователи возвышенного»
"Now you may go to them"
«Теперь можешь идти к ним»
"I'm going, sir. May you always be in good health"
«Я ухожу, сэр. Желаю вам всегда быть в добром здравии».
"I thank you, Samana"
«Благодарю тебя, Самана»
Govinda made the gesture of a salutation and said "Farewell"
Говинда сделал жест приветствия и сказал: «Прощай».
"Farewell, Govinda" said Siddhartha
«Прощай, Говинда», — сказал Сиддхартха.
The monk stopped as if struck by lightning
Монах остановился, словно пораженный молнией.
"Permit me to ask, sir, from where do you know my name?"
«Позвольте мне спросить, сэр, откуда вы знаете мое имя?»

Siddhartha smiled, "I know you, oh Govinda, from your father's hut"
Сиддхартха улыбнулся: «Я знаю тебя, о Говинда, по хижине твоего отца».
"and I know you from the school of the Brahmans"
"а я знаю тебя по школе брахманов"
"and I know you from the offerings"
«и я знаю тебя по приношениям»
"and I know you from our walk to the Samanas"
"а я знаю тебя по нашей прогулке в саманы"
"and I know you from when you took refuge with the exalted one"
«И я знаю тебя с того времени, как ты нашел прибежище у Возвышенного».
"You're Siddhartha," Govinda exclaimed loudly, "Now, I recognise you"
«Ты Сиддхартха, — громко воскликнул Говинда, — теперь я тебя узнаю».
"I don't comprehend how I couldn't recognise you right away"
«Я не понимаю, как я мог не узнать тебя сразу»
"Siddhartha, my joy is great to see you again"
«Сиддхартха, я так рад снова тебя видеть»
"It also gives me joy, to see you again" spoke Siddhartha
«Мне тоже приятно снова тебя видеть», — сказал Сиддхартха.
"You've been the guard of my sleep"
«Ты был стражем моего сна»
"again, I thank you for this"
"еще раз благодарю вас за это"
"but I wouldn't have required any guard"
"но мне бы не понадобилась никакая охрана"
"Where are you going to, oh friend?"
«Куда ты идёшь, о друг?»
"I'm going nowhere," answered Govinda
«Я никуда не пойду», — ответил Говинда.

"We monks are always travelling"
«Мы, монахи, всегда путешествуем»
"whenever it is not the rainy season, we move from one place to another"
«Всякий раз, когда нет сезона дождей, мы переезжаем из одного места в другое»
"we live according to the rules of the teachings passed on to us"
«мы живем по правилам переданного нам учения»
"we accept alms, and then we move on"
«мы принимаем милостыню, а затем идем дальше»
"It is always like this"
«Так всегда»
"But you, Siddhartha, where are you going to?"
«Но ты, Сиддхартха, куда ты направляешься?»
"for me it is as it is with you"
«Для меня это то же самое, что и для тебя»
"I'm going nowhere; I'm just travelling"
«Я никуда не иду; я просто путешествую»
"I'm also on a pilgrimage"
«Я тоже в паломничестве»
Govinda spoke "You say you're on a pilgrimage, and I believe you"
Говинда сказал: «Ты говоришь, что ты в паломничестве, и я тебе верю».
"But, forgive me, oh Siddhartha, you do not look like a pilgrim"
«Но, прости меня, о Сиддхартха, ты не похож на паломника».
"You're wearing a rich man's garments"
«Ты носишь одежду богатого человека»
"you're wearing the shoes of a distinguished gentleman"
«Вы носите обувь почтенного джентльмена»
"and your hair, with the fragrance of perfume, is not a pilgrim's hair"

«и твои волосы, благоухающие духами, — это не волосы паломника»
"you do not have the hair of a Samana"
«У тебя не волосы саманы»
"you are right, my dear"
"ты права, моя дорогая"
"you have observed things well"
«Вы хорошо наблюдали за вещами»
"your keen eyes see everything"
«твои зоркие глаза видят все»
"But I haven't said to you that I was a Samana"
«Но я не говорил тебе, что я самана».
"I said I'm on a pilgrimage"
«Я сказал, что я в паломничестве»
"And so it is, I'm on a pilgrimage"
«И вот я в паломничестве».
"You're on a pilgrimage" said Govinda
«Ты совершаешь паломничество», — сказал Говинда.
"But few would go on a pilgrimage in such clothes"
«Но мало кто отправился бы в паломничество в такой одежде»
"few would pilger in such shoes"
"мало кто пойдет в такую обувь"
"and few pilgrims have such hair"
"и мало у кого из паломников такие волосы"
"I have never met such a pilgrim"
«Я никогда не встречал такого паломника»
"and I have been a pilgrim for many years"
«и я был паломником много лет»
"I believe you, my dear Govinda"
«Я верю тебе, мой дорогой Говинда»
"But now, today, you've met a pilgrim just like this"
«Но сегодня вы встретили именно такого паломника».
"a pilgrim wearing these kinds of shoes and garment"
«паломник, носящий такую обувь и одежду»

"Remember, my dear, the world of appearances is not eternal"

«Помни, моя дорогая, мир явлений не вечен»

"our shoes and garments are anything but eternal"

«наша обувь и одежда совсем не вечны»

"our hair and bodies are not eternal either"

«наши волосы и тела тоже не вечны»

I'm wearing a rich man's clothes"

Я ношу одежду богатого человека.

"you've seen this quite right"

"Вы видели это совершенно правильно"

"I'm wearing them, because I have been a rich man"

«Я ношу их, потому что я богатый человек»

"and I'm wearing my hair like the worldly and lustful people"

«и я ношу волосы, как мирские и похотливые люди»

"because I have been one of them"

«потому что я был одним из них»

"And what are you now, Siddhartha?" Govinda asked

«И кто ты теперь, Сиддхартха?» — спросил Говинда.

"I don't know it, just like you"

«Я этого не знаю, как и ты»

"I was a rich man, and now I am not a rich man anymore"

«Я был богатым человеком, а теперь я больше не богат»

"and what I'll be tomorrow, I don't know"

«а кем я буду завтра, я не знаю»

"You've lost your riches?" asked Govinda

«Ты потерял свое богатство?» — спросил Говинда.

"I've lost my riches, or they have lost me"

«Я потерял свое богатство, или оно потеряло меня»

"My riches somehow happened to slip away from me"

«Мои богатства каким-то образом ускользнули от меня»

"The wheel of physical manifestations is turning quickly, Govinda"

«Колесо физических проявлений быстро вращается, Говинда»

"Where is Siddhartha the Brahman?"
«Где Сиддхартха Брахман?»
"Where is Siddhartha the Samana?"
«Где Сиддхартха Самана?»
"Where is Siddhartha the rich man?"
«Где Сиддхартха, богач?»
"Non-eternal things change quickly, Govinda, you know it"
«Невечные вещи быстро меняются, Говинда, ты это знаешь»
Govinda looked at the friend of his youth for a long time
Говинда долго смотрел на друга своей юности.
he looked at him with doubt in his eyes
он посмотрел на него с сомнением в глазах
After that, he gave him the salutation which one would use on a gentleman
После этого он отдал ему приветствие, которое обычно используют по отношению к джентльмену.
and he went on his way, and continued his pilgrimage
и он пошел дальше и продолжил свое паломничество
With a smiling face, Siddhartha watched him leave
Сиддхартха с улыбкой на лице смотрел ему вслед.
he loved him still, this faithful, fearful man
он все еще любил его, этого верного, боязливого человека
how could he not have loved everybody and everything in this moment?
как он мог не любить всех и вся в этот момент?
in the glorious hour after his wonderful sleep, filled with Om!
в славный час после его чудесного сна, наполненного Ом!
The enchantment, which had happened inside of him in his sleep
Чары, которые произошли внутри него во сне
this enchantment was everything that he loved
это очарование было всем, что он любил
he was full of joyful love for everything he saw
он был полон радостной любви ко всему, что видел

exactly this had been his sickness before
именно это и было его болезнью раньше
he had not been able to love anybody or anything
он не мог любить никого и ничего
With a smiling face, Siddhartha watched the leaving monk
С улыбкой на лице Сиддхартха наблюдал за уходящим монахом.

The sleep had strengthened him a lot
Сон его очень укрепил.
but hunger gave him great pain
но голод причинил ему сильную боль
by now he had not eaten for two days
к этому времени он не ел уже два дня
the times were long past when he could resist such hunger
Давно прошли те времена, когда он мог противостоять такому голоду.
With sadness, and yet also with a smile, he thought of that time
С грустью, но и с улыбкой он вспоминал то время.
In those days, so he remembered, he had boasted of three things to Kamala
В те дни, насколько он помнил, он хвастался Камале тремя вещами:
he had been able to do three noble and undefeatable feats
он смог совершить три благородных и непобедимых подвига
he was able to fast, wait, and think
он мог поститься, ждать и думать
These had been his possessions; his power and strength
Это были его владения; его сила и власть.
in the busy, laborious years of his youth, he had learned these three feats
В напряженные, трудовые годы своей юности он научился этим трем подвигам
And now, his feats had abandoned him

И теперь его подвиги оставили его.
none of his feats were his any more
ни один из его подвигов больше не был его
neither fasting, nor waiting, nor thinking
ни поститься, ни ждать, ни думать
he had given them up for the most wretched things
он отказался от них ради самых жалких вещей
what is it that fades most quickly?
Что исчезает быстрее всего?
sensual lust, the good life, and riches!
чувственная похоть, хорошая жизнь и богатство!
His life had indeed been strange
Его жизнь действительно была странной.
And now, so it seemed, he had really become a childlike person
И теперь, как мне показалось, он действительно стал похожим на ребенка.
Siddhartha thought about his situation
Сиддхартха размышлял о своей ситуации
Thinking was hard for him now
Ему теперь было трудно думать.
he did not really feel like thinking
ему действительно не хотелось думать
but he forced himself to think
но он заставил себя думать
"all these most easily perishing things have slipped from me"
«все эти самые легко преходящие вещи ускользнули от меня»
"again, now I'm standing here under the sun"
«И вот я снова стою здесь, под солнцем»
"I am standing here just like a little child"
«Я стою здесь, как маленький ребенок»
"nothing is mine, I have no abilities"
«ничего мне не принадлежит, у меня нет способностей»
"there is nothing I could bring about"

«Я ничего не могу сделать»
"I have learned nothing from my life"
«Я ничему не научился из своей жизни»
"How wondrous all of this is!"
«Как все это чудесно!»
"it's wondrous that I'm no longer young"
«удивительно, что я уже не молод»
"my hair is already half gray and my strength is fading"
«Мои волосы уже наполовину седые, а силы на исходе»
"and now I'm starting again at the beginning, as a child!"
«И теперь я снова начинаю сначала, как ребенок!»
Again, he had to smile to himself
И снова ему пришлось улыбнуться про себя.
Yes, his fate had been strange!
Да, судьба его была странной!
Things were going downhill with him
Дела у него пошли под откос.
and now he was again facing the world naked and stupid
и теперь он снова предстал перед миром голым и глупым.
But he could not feel sad about this
Но он не мог грустить по этому поводу.
no, he even felt a great urge to laugh
нет, он даже почувствовал огромное желание рассмеяться
he felt an urge to laugh about himself
он почувствовал желание посмеяться над собой
he felt an urge to laugh about this strange, foolish world
он почувствовал желание посмеяться над этим странным, глупым миром
"Things are going downhill with you!" he said to himself
«Дела твои идут под откос!» — сказал он себе.
and he laughed about his situation
и он смеялся над своей ситуацией
as he was saying it he happened to glance at the river
говоря это, он случайно взглянул на реку
and he also saw the river going downhill
и он также увидел реку, текущую под уклон.

it was singing and being happy about everything
он пел и радовался всему
He liked this, and kindly he smiled at the river
Ему это понравилось, и он любезно улыбнулся реке.
Was this not the river in which he had intended to drown himself?
Разве это не та река, в которой он собирался утопиться?
in past times, a hundred years ago
в прошлые времена, сто лет назад
or had he dreamed this?
или ему это приснилось?
"Wondrous indeed was my life" he thought
«Действительно, чудесна была моя жизнь», — подумал он.
"my life has taken wondrous detours"
«моя жизнь сделала удивительные повороты»
"As a boy, I only dealt with gods and offerings"
«В детстве я имел дело только с богами и подношениями»
"As a youth, I only dealt with asceticism"
«В юности я имел дело только с аскетизмом»
"I spent my time in thinking and meditation"
«Я проводил время в размышлениях и медитации»
"I was searching for Brahman
«Я искал Брахмана
and I worshipped the eternal in the Atman"
и я поклонялся вечному в Атмане»
"But as a young man, I followed the penitents"
«Но в молодости я следовал за кающимися грешниками»
"I lived in the forest and suffered heat and frost"
«Я жил в лесу и терпел жару и мороз»
"there I learned how to overcome hunger"
«там я научился преодолевать голод»
"and I taught my body to become dead"
«и я научил свое тело становиться мертвым»
"Wonderfully, soon afterwards, insight came towards me"
«Как ни странно, вскоре после этого ко мне пришло озарение»

"insight in the form of the great Buddha's teachings"
«прозрение в форме учений великого Будды»
"I felt the knowledge of the oneness of the world"
«Я почувствовал знание единства мира»
"I felt it circling in me like my own blood"
«Я чувствовал, как это циркулирует во мне, словно моя собственная кровь»
"But I also had to leave Buddha and the great knowledge"
«Но мне также пришлось оставить Будду и великое знание»
"I went and learned the art of love with Kamala"
«Я пошел и научился искусству любви с Камалой»
"I learned trading and business with Kamaswami"
«Я научился торговле и бизнесу у Камасвами»
"I piled up money, and wasted it again"
«Я накопил денег и снова их потратил»
"I learned to love my stomach and please my senses"
«Я научилась любить свой желудок и радовать свои чувства»
"I had to spend many years losing my spirit"
«Мне пришлось потратить много лет на то, чтобы потерять свой дух»
"and I had to unlearn thinking again"
«и мне пришлось снова отучиться думать»
"there I had forgotten the oneness"
«там я забыл единство»
"Isn't it just as if I had turned slowly from a man into a child"?
«Разве это не похоже на то, как если бы я медленно превратился из мужчины в ребенка»?
"from a thinker into a childlike person"
«из мыслителя в ребенка»
"And yet, this path has been very good"
«И все же этот путь был очень хорош»
"and yet, the bird in my chest has not died"
«и все же птица в моей груди не умерла»

"what a path has this been!"
«Что это был за путь!»
"I had to pass through so much stupidity"
«Мне пришлось пережить столько глупостей»
"I had to pass through so much vice"
«Мне пришлось пережить столько пороков»
"I had to make so many errors"
«Мне пришлось совершить так много ошибок»
"I had to feel so much disgust and disappointment"
«Мне пришлось испытать столько отвращения и разочарования»
"I had to do all this to become a child again"
«Мне пришлось сделать все это, чтобы снова стать ребенком»
"and then I could start over again"
«И тогда я смогу начать все сначала»
"But it was the right way to do it"
«Но это был правильный способ сделать это»
"my heart says yes to it and my eyes smile to it"
«Мое сердце говорит этому «да», а мои глаза улыбаются».
"I've had to experience despair"
«Мне пришлось испытать отчаяние»
"I've had to sink down to the most foolish of all thoughts"
«Мне пришлось опуститься до самой глупой из всех мыслей»
"I've had to think to the thoughts of suicide"
«Мне приходилось думать о самоубийстве»
"only then would I be able to experience divine grace"
«только тогда я смогу ощутить божественную благодать»
"only then could I hear Om again"
«Только тогда я снова смог услышать Ом»
"only then would I be able to sleep properly and awake again"
«Только тогда я смогу нормально спать и снова проснуться»
"I had to become a fool, to find Atman in me again"

«Мне пришлось стать глупцом, чтобы снова обрести в себе Атмана»
"I had to sin, to be able to live again"
«Мне пришлось согрешить, чтобы снова жить»
"Where else might my path lead me to?"
«Куда еще может привести меня мой путь?»
"It is foolish, this path, it moves in loops"
«Этот путь глупый, он движется петлями»
"perhaps it is going around in a circle"
"возможно, это движение по кругу"
"Let this path go where it likes"
«Пусть этот путь идет туда, куда ему хочется»
"where ever this path goes, I want to follow it"
«Куда бы ни вел этот путь, я хочу следовать по нему»
he felt joy rolling like waves in his chest
он чувствовал, как радость волнами катится в его груди
he asked his heart, "from where did you get this happiness?"
он спросил свое сердце: «Откуда у тебя это счастье?»
"does it perhaps come from that long, good sleep?"
«Может быть, это из-за долгого, крепкого сна?»
"the sleep which has done me so much good"
«сон, который принес мне столько пользы»
"or does it come from the word Om, which I said?"
«Или это происходит от слова Ом, которое я сказал?»
"Or does it come from the fact that I have escaped?"
«Или это из-за того, что я сбежал?»
"does this happiness come from standing like a child under the sky?"
«Это счастье от того, что стоишь, как ребенок, под небом?»
"Oh how good is it to have fled"
«О, как хорошо, что я сбежал»
"it is great to have become free!"
«Как здорово стать свободным!»
"How clean and beautiful the air here is"
«Какой здесь чистый и красивый воздух»
"the air is good to breath"

«воздухом приятно дышать»
"where I ran away from everything smelled of ointments"
«куда я убежал от всего, что пахло мазями»
"spices, wine, excess, sloth"
"специи, вино, излишества, лень"
"How I hated this world of the rich"
«Как я ненавидел этот мир богатых»
"I hated those who revel in fine food and the gamblers!"
«Я ненавидел тех, кто любит изысканную еду, и игроков!»
"I hated myself for staying in this terrible world for so long!
«Я ненавидел себя за то, что так долго оставался в этом ужасном мире!
"I have deprived, poisoned, and tortured myself"
«Я себя лишал, травил и истязал»
"I have made myself old and evil!"
«Я сделал себя старым и злым!»
"No, I will never again do the things I liked doing so much"
«Нет, я больше никогда не буду делать то, что мне так нравилось»
"I won't delude myself into thinking that Siddhartha was wise!"
«Я не буду обманывать себя, думая, что Сиддхартха был мудрым!»
"But this one thing I have done well"
«Но это единственное, что я сделал хорошо»
"this I like, this I must praise"
«это мне нравится, это я должен похвалить»
"I like that there is now an end to that hatred against myself"
«Мне нравится, что теперь этой ненависти по отношению к себе пришел конец»
"there is an end to that foolish and dreary life!"
«нужен конец этой глупой и тоскливой жизни!»
"I praise you, Siddhartha, after so many years of foolishness"
«Я восхваляю тебя, Сиддхартха, после стольких лет глупости»
"you have once again had an idea"

«у тебя снова возникла идея»
"you have heard the bird in your chest singing"
«ты слышал пение птицы в своей груди»
"and you followed the song of the bird!"
«И ты последовал за песней птицы!»
with these thoughts he praised himself
с этими мыслями он похвалил себя
he had found joy in himself again
он снова обрел радость в себе
he listened curiously to his stomach rumbling with hunger
он с любопытством прислушивался к урчанию в своем животе от голода
he had tasted and spat out a piece of suffering and misery
он попробовал и выплюнул кусок страдания и несчастья
in these recent times and days, this is how he felt
в эти последние времена и дни, вот как он себя чувствовал
he had devoured it up to the point of desperation and death
он поглощал его до отчаяния и смерти
how everything had happened was good
как все произошло было хорошо
he could have stayed with Kamaswami for much longer
он мог бы остаться с Камасвами гораздо дольше
he could have made more money, and then wasted it
он мог бы заработать больше денег, а затем потратить их впустую
he could have filled his stomach and let his soul die of thirst
он мог бы набить свой желудок и позволить своей душе умереть от жажды
he could have lived in this soft upholstered hell much longer
он мог бы прожить в этом мягком аду гораздо дольше
if this had not happened, he would have continued this life
если бы этого не произошло, он бы продолжил эту жизнь
the moment of complete hopelessness and despair
момент полной безнадежности и отчаяния

the most extreme moment when he hung over the rushing waters
самый экстремальный момент, когда он висел над бурлящей водой
the moment he was ready to destroy himself
в тот момент, когда он был готов уничтожить себя
the moment he had felt this despair and deep disgust
в тот момент, когда он почувствовал это отчаяние и глубокое отвращение
he had not succumbed to it
он не поддался этому
the bird was still alive after all
птица все еще была жива в конце концов
this was why he felt joy and laughed
вот почему он почувствовал радость и рассмеялся
this was why his face was smiling brightly under his hair
вот почему его лицо ярко улыбалось под волосами
his hair which had now turned gray
его волосы, которые теперь стали седыми
"It is good," he thought, "to get a taste of everything for oneself"
«Хорошо, — подумал он, — самому все попробовать».
"everything which one needs to know"
"все, что нужно знать"
"lust for the world and riches do not belong to the good things"
«жажда мира и богатства не относится к благим вещам»
"I have already learned this as a child"
«Я уже усвоил это в детстве»
"I have known it for a long time"
«Я знаю это уже давно»
"but I hadn't experienced it until now"
«но до сих пор я этого не испытывал»
"And now that I I've experienced it I know it"
«И теперь, когда я это испытал, я это знаю».

"I don't just know it in my memory, but in my eyes, heart, and stomach"
«Я знаю это не только своей памятью, но и глазами, сердцем и желудком»
"it is good for me to know this!"
«Мне полезно это знать!»

For a long time, he pondered his transformation
Долгое время он размышлял о своей трансформации.
he listened to the bird, as it sang for joy
он слушал птицу, как она пела от радости
Had this bird not died in him?
Разве эта птица не умерла в нем?
had he not felt this bird's death?
разве он не почувствовал смерть этой птицы?
No, something else from within him had died
Нет, что-то другое в нем умерло.
something which yearned to die had died
что-то, что жаждало умереть, умерло
Was it not this that he used to intend to kill?
Разве не это он намеревался убить?
Was it not his his small, frightened, and proud self that had died?
Разве не его маленькая, испуганная и гордая сущность умерла?
he had wrestled with his self for so many years
он боролся с самим собой так много лет
the self which had defeated him again and again
Я, которое побеждало его снова и снова
the self which was back again after every killing
Я, которое возвращалось после каждого убийства
the self which prohibited joy and felt fear?
Я, которое запрещало радость и испытывало страх?
Was it not this self which today had finally come to its death?
Разве не это «я» сегодня наконец пришло к своей смерти?

here in the forest, by this lovely river
здесь в лесу, у этой прекрасной реки
Was it not due to this death, that he was now like a child?
Не из-за этой ли смерти он теперь был как ребенок?
so full of trust and joy, without fear
настолько полны доверия и радости, без страха
Now Siddhartha also got some idea of why he had fought this self in vain
Теперь Сиддхартха также получил некоторое представление о том, почему он тщетно боролся с этим «я».
he knew why he couldn't fight his self as a Brahman
он знал, почему он не мог бороться с собой как с брахманом
Too much knowledge had held him back
Слишком много знаний сдерживало его.
too many holy verses, sacrificial rules, and self-castigation
слишком много священных стихов, жертвенных правил и самобичевания
all these things held him back
все это удерживало его
so much doing and striving for that goal!
столько усилий и стремлений для достижения этой цели!
he had been full of arrogance
он был полон высокомерия
he was always the smartest
он всегда был самым умным
he was always working the most
он всегда работал больше всех
he had always been one step ahead of all others
он всегда был на шаг впереди всех остальных
he was always the knowing and spiritual one
он всегда был знающим и духовным
he was always considered the priest or wise one
его всегда считали жрецом или мудрецом

his self had retreated into being a priest, arrogance, and spirituality
его «я» отступило в бытность священником, высокомерие и духовность
there it sat firmly and grew all this time
там он прочно сидел и рос все это время
and he had thought he could kill it by fasting
и он думал, что сможет убить его голоданием
Now he saw his life as it had become
Теперь он увидел свою жизнь такой, какой она стала.
he saw that the secret voice had been right
он увидел, что тайный голос был прав
no teacher would ever have been able to bring about his salvation
ни один учитель не смог бы спасти его
Therefore, he had to go out into the world
Поэтому ему пришлось выйти в мир.
he had to lose himself to lust and power
он должен был потерять себя из-за похоти и власти
he had to lose himself to women and money
он должен был потерять себя из-за женщин и денег
he had to become a merchant, a dice-gambler, a drinker
ему пришлось стать торговцем, игроком в кости, пьяницей
and he had to become a greedy person
и ему пришлось стать жадным человеком
he had to do this until the priest and Samana in him was dead
он должен был делать это до тех пор, пока священник и самана в нем не умерли.
Therefore, he had to continue bearing these ugly years
Поэтому ему пришлось продолжать терпеть эти ужасные годы.
he had to bear the disgust and the teachings
ему пришлось вынести отвращение и поучения
he had to bear the pointlessness of a dreary and wasted life

ему пришлось терпеть бессмысленность тоскливой и напрасной жизни
he had to conclude it up to its bitter end
ему пришлось довести его до конца
he had to do this until Siddhartha the lustful could also die
он должен был сделать это до тех пор, пока Сиддхартха похотливый не смог умереть
He had died and a new Siddhartha had woken up from the sleep
Он умер, и новый Сиддхартха пробудился ото сна.
this new Siddhartha would also grow old
этот новый Сиддхартха тоже состарится
he would also have to die eventually
ему тоже пришлось бы в конце концов умереть
Siddhartha was still mortal, as is every physical form
Сиддхартха был все еще смертен, как и любая физическая форма.
But today he was young and a child and full of joy
Но сегодня он был молод, как ребенок, и полон радости.
He thought these thoughts to himself
Он думал эти мысли про себя
he listened with a smile to his stomach
он слушал с улыбкой на своем животе
he listened gratefully to a buzzing bee
он с благодарностью слушал жужжание пчелы
Cheerfully, he looked into the rushing river
Радостно он посмотрел на бурлящую реку
he had never before liked a water as much as this one
никогда еще ему не нравилась вода так сильно, как эта
he had never before perceived the voice so stronger
он никогда раньше не слышал голос настолько сильный
he had never understood the parable of the moving water so strongly
он никогда не понимал притчу о движущейся воде так сильно

he had never before noticed how beautifully the river moved
он никогда раньше не замечал, как красиво движется река
It seemed to him, as if the river had something special to tell him
Ему показалось, что река хотела сказать ему что-то особенное.
something he did not know yet, which was still awaiting him
что-то, чего он еще не знал, что его еще ждало
In this river, Siddhartha had intended to drown himself
В этой реке Сиддхартха намеревался утопиться.
in this river the old, tired, desperate Siddhartha had drowned today
в этой реке сегодня утонул старый, усталый, отчаявшийся Сиддхартха
But the new Siddhartha felt a deep love for this rushing water
Но новый Сиддхартха почувствовал глубокую любовь к этой бурлящей воде.
and he decided for himself, not to leave it very soon
и он решил для себя, что не собирается покидать его в ближайшее время.

The Ferryman
Перевозчик

"By this river I want to stay," thought Siddhartha
«У этой реки я хочу остаться», — подумал Сиддхартха.
"it is the same river which I have crossed a long time ago"
«это та же река, которую я пересек давным-давно»
"I was on my way to the childlike people"
«Я направлялся к людям, похожим на детей»
"a friendly ferryman had guided me across the river"
«дружелюбный паромщик переправил меня через реку»
"he is the one I want to go to"
«он тот, к кому я хочу пойти»
"starting out from his hut, my path led me to a new life"
«выйдя из его хижины, мой путь привел меня к новой жизни»
"a path which had grown old and is now dead"
«путь, который состарился и теперь мертв»
"my present path shall also take its start there!"
«Мой нынешний путь тоже начнется там!»
Tenderly, he looked into the rushing water
Он нежно посмотрел на бурлящую воду
he looked into the transparent green lines the water drew
он посмотрел на прозрачные зеленые линии, которые рисовала вода
the crystal lines of water were rich in secrets
кристальные линии воды были полны тайн
he saw bright pearls rising from the deep
он увидел яркие жемчужины, поднимающиеся из глубины
quiet bubbles of air floating on the reflecting surface
тихие пузырьки воздуха, плавающие на отражающей поверхности
the blue of the sky depicted in the bubbles
синева неба, изображенная в пузырьках
the river looked at him with a thousand eyes

река смотрела на него тысячью глаз
the river had green eyes and white eyes
у реки были зеленые глаза и белые глаза
the river had crystal eyes and sky-blue eyes
у реки были кристальные глаза и небесно-голубые глаза
he loved this water very much, it delighted him
он очень любил эту воду, она его радовала
he was grateful to the water
он был благодарен воде
In his heart he heard the voice talking
В своем сердце он услышал голос, говорящий
"Love this water! Stay near it!"
«Обожаю эту воду! Оставайтесь рядом с ней!»
"Learn from the water!" his voice commanded him
«Учись у воды!» — приказал ему его голос.
Oh yes, he wanted to learn from it
О да, он хотел извлечь из этого урок.
he wanted to listen to the water
он хотел послушать воду
He who would understand this water's secrets
Тот, кто познает тайны этой воды,
he would also understand many other things
он также понял бы многое другое
this is how it seemed to him
вот как ему это показалось
But out of all secrets of the river, today he only saw one
Но из всех тайн реки сегодня он увидел только одну
this secret touched his soul
эта тайна тронула его душу
this water ran and ran, incessantly
эта вода текла и текла, не переставая
the water ran, but nevertheless it was always there
вода текла, но тем не менее она всегда была там
the water always, at all times, was the same
вода всегда, во все времена была одна и та же
and at the same time it was new in every moment

и в то же время это было ново в каждый момент
he who could grasp this would be great
Тот, кто мог бы это понять, был бы велик.
but he didn't understand or grasp it
но он не понял и не осознал этого
he only felt some idea of it stirring
он только почувствовал некоторую мысль о том, что это волнует
it was like a distant memory, a divine voices
это было похоже на далёкое воспоминание, на божественные голоса

Siddhartha rose as the workings of hunger in his body became unbearable
Сиддхартха поднялся, когда голод в его теле стал невыносимым.
In a daze he walked further away from the city
В оцепенении он пошел дальше от города
he walked up the river along the path by the bank
он шел вверх по реке по тропинке вдоль берега
he listened to the current of the water
он слушал течение воды
he listened to the rumbling hunger in his body
он прислушивался к урчанию голода в своем теле
When he reached the ferry, the boat was just arriving
Когда он добрался до парома, лодка как раз прибывала.
the same ferryman who had once transported the young Samana across the river
тот самый паромщик, который когда-то перевез юную Саману через реку
he stood in the boat and Siddhartha recognised him
он стоял в лодке, и Сиддхартха узнал его.
he had also aged very much
он также очень постарел
the ferryman was astonished to see such an elegant man walking on foot

паромщик был поражен, увидев такого элегантного мужчину, идущего пешком
"Would you like to ferry me over?" he asked
«Хотите переправить меня?» — спросил он.
he took him into his boat and pushed it off the bank
он взял его в свою лодку и оттолкнул ее от берега
"It's a beautiful life you have chosen for yourself" the passenger spoke
«Ты выбрал для себя прекрасную жизнь», — сказал пассажир.
"It must be beautiful to live by this water every day"
«Должно быть, прекрасно жить у этой воды каждый день»
"and it must be beautiful to cruise on it on the river"
"и должно быть, на нем прекрасно плавать по реке"
With a smile, the man at the oar moved from side to side
С улыбкой человек у весла двигался из стороны в сторону.
"It is as beautiful as you say, sir"
«Это так прекрасно, как вы говорите, сэр»
"But isn't every life and all work beautiful?"
«Но разве всякая жизнь и всякое дело не прекрасны?»
"This may be true" replied Siddhartha
«Это может быть правдой», — ответил Сиддхартха.
"But I envy you for your life"
«Но я завидую твоей жизни»
"Ah, you would soon stop enjoying it"
«Ах, ты скоро перестанешь этим наслаждаться»
"This is no work for people wearing fine clothes"
«Это работа не для людей в красивой одежде»
Siddhartha laughed at the observation
Сиддхартха рассмеялся над этим наблюдением.
"Once before, I have been looked upon today because of my clothes"
«Однажды на меня уже обращали внимание из-за моей одежды»
"I have been looked upon with distrust"
«На меня смотрели с недоверием»

"they are a nuisance to me"
«Они мне мешают»
"Wouldn't you, ferryman, like to accept these clothes"
«Не хотели бы вы, перевозчик, принять эту одежду?»
"because you must know, I have no money to pay your fare"
«потому что ты должен знать, у меня нет денег, чтобы заплатить за твой проезд»
"You're joking, sir," the ferryman laughed
«Вы шутите, сэр», — рассмеялся паромщик.
"I'm not joking, friend"
«Я не шучу, друг»
"once before you have ferried me across this water in your boat"
«Однажды ты уже переправлял меня через эту воду на своей лодке»
"you did it for the immaterial reward of a good deed"
«ты сделал это ради нематериального вознаграждения за доброе дело»
"ferry me across the river and accept my clothes for it"
«переправь меня через реку и прими за это мою одежду»
"And do you, sir, intent to continue travelling without clothes?"
«И вы, сэр, намерены продолжать путешествовать без одежды?»
"Ah, most of all I wouldn't want to continue travelling at all"
«Ах, больше всего мне бы вообще не хотелось продолжать путешествовать»
"I would rather you gave me an old loincloth"
«Я бы предпочел, чтобы ты дал мне старую набедренную повязку»
"I would like it if you kept me with you as your assistant"
«Я бы хотел, чтобы вы оставили меня при себе в качестве помощника»
"or rather, I would like if you accepted me as your trainee"
«или, скорее, я бы хотел, чтобы вы приняли меня в качестве своего стажера»

"because first I'll have to learn how to handle the boat"
«потому что сначала мне придется научиться управлять лодкой»
For a long time, the ferryman looked at the stranger
Паромщик долго смотрел на незнакомца.
he was searching in his memory for this strange man
он искал в своей памяти этого странного человека
"Now I recognise you," he finally said
«Теперь я тебя узнаю», — наконец сказал он.
"At one time, you've slept in my hut"
«Однажды ты спал в моей хижине»
"this was a long time ago, possibly more than twenty years"
«это было давно, возможно больше двадцати лет назад»
"and you've been ferried across the river by me"
"и я переправил тебя через реку"
"that day we parted like good friends"
«В тот день мы расстались как хорошие друзья»
"Haven't you been a Samana?"
«Разве ты не был саманой?»
"I can't think of your name anymore"
«Я больше не могу думать о твоем имени»
"My name is Siddhartha, and I was a Samana"
«Меня зовут Сиддхартха, и я был самана»
"I had still been a Samana when you last saw me"
«Когда вы видели меня в последний раз, я еще был саманом»
"So be welcome, Siddhartha. My name is Vasudeva"
«Так что добро пожаловать, Сиддхартха. Меня зовут Васудева».
"You will, so I hope, be my guest today as well"
«Я надеюсь, что вы сегодня тоже будете моим гостем»
"and you may sleep in my hut"
"И ты можешь спать в моей хижине"
"and you may tell me, where you're coming from"
"И ты можешь сказать мне, откуда ты пришел"

"and you may tell me why these beautiful clothes are such a nuisance to you"
«И ты можешь мне сказать, почему эта красивая одежда так тебя раздражает»
They had reached the middle of the river
Они достигли середины реки.
Vasudeva pushed the oar with more strength
Васудева надавил на весло сильнее
in order to overcome the current
для того, чтобы преодолеть нынешнюю
He worked calmly, with brawny arms
Он работал спокойно, с мускулистыми руками.
his eyes were fixed in on the front of the boat
его взгляд был устремлен на нос лодки
Siddhartha sat and watched him
Сиддхартха сидел и смотрел на него.
he remembered his time as a Samana
он вспомнил свое время в качестве самана
he remembered how love for this man had stirred in his heart
он вспомнил, как любовь к этому человеку всколыхнулась в его сердце
Gratefully, he accepted Vasudeva's invitation
С благодарностью он принял приглашение Васудевы.
When they had reached the bank, he helped him to tie the boat to the stakes
Когда они достигли берега, он помог ему привязать лодку к кольям.
after this, the ferryman asked him to enter the hut
После этого паромщик попросил его войти в хижину.
he offered him bread and water, and Siddhartha ate with eager pleasure
он предложил ему хлеб и воду, и Сиддхартха ел с большим удовольствием.
and he also ate with eager pleasure of the mango fruits Vasudeva offered him

и он также с большим удовольствием съел плоды манго, которые Васудева предложил ему.

Afterwards, it was almost the time of the sunset
Потом, уже почти наступило время заката.
they sat on a log by the bank
они сидели на бревне у берега
Siddhartha told the ferryman about where he originally came from
Сиддхартха рассказал паромщику о том, откуда он родом.
he told him about his life as he had seen it today
он рассказал ему о своей жизни, какой он ее увидел сегодня
the way he had seen it in that hour of despair
как он увидел это в тот час отчаяния
the tale of his life lasted late into the night
рассказ о его жизни продолжался до поздней ночи
Vasudeva listened with great attention
Васудева слушал с большим вниманием.
Listening carefully, he let everything enter his mind
Внимательно слушая, он позволил всему войти в его разум.
birthplace and childhood, all that learning
место рождения и детство, все это обучение
all that searching, all joy, all distress
все эти поиски, вся радость, все страдания
This was one of the greatest virtues of the ferryman
Это было одно из величайших достоинств паромщика.
like only a few, he knew how to listen
как и немногие, он умел слушать
he did not have to speak a word
ему не пришлось говорить ни слова
but the speaker sensed how Vasudeva let his words enter his mind
но говорящий почувствовал, как Васудева позволил своим словам проникнуть в его разум

his mind was quiet, open, and waiting
его разум был спокоен, открыт и ждал
he did not lose a single word
он не потерял ни единого слова
he did not await a single word with impatience
он не ждал ни единого слова с нетерпением
he did not add his praise or rebuke
он не добавил ни похвалы, ни упрека
he was just listening, and nothing else
он просто слушал, и ничего больше
Siddhartha felt what a happy fortune it is to confess to such a listener
Сиддхартха почувствовал, какая это счастливая судьба – признаться такому слушателю.
he felt fortunate to bury in his heart his own life
он чувствовал себя счастливым, похоронив в своем сердце свою собственную жизнь
he buried his own search and suffering
он похоронил свои собственные поиски и страдания
he told the tale of Siddhartha's life
он рассказал историю жизни Сиддхартхи
when he spoke of the tree by the river
когда он говорил о дереве у реки
when he spoke of his deep fall
когда он говорил о своем глубоком падении
when he spoke of the holy Om
когда он говорил о святом Оме
when he spoke of how he had felt such a love for the river
когда он говорил о том, как он любил реку
the ferryman listened to these things with twice as much attention
паромщик слушал эти вещи с удвоенным вниманием
he was entirely and completely absorbed by it
он был целиком и полностью поглощен этим
he was listening with his eyes closed
он слушал с закрытыми глазами

when Siddhartha fell silent a long silence occurred
когда Сиддхартха замолчал, наступила долгая тишина
then Vasudeva spoke "It is as I thought"
затем Васудева сказал: «Это то, что я и думал».
"The river has spoken to you"
«Река говорила с тобой»
"the river is your friend as well"
«река тоже твой друг»
"the river speaks to you as well"
«река тоже говорит с тобой»
"That is good, that is very good"
«Это хорошо, это очень хорошо»
"Stay with me, Siddhartha, my friend"
«Останься со мной, Сиддхартха, мой друг»
"I used to have a wife"
«Раньше у меня была жена»
"her bed was next to mine"
«Ее кровать была рядом с моей»
"but she has died a long time ago"
"но она давно умерла"
"for a long time, I have lived alone"
«Долгое время я жил один»
"Now, you shall live with me"
«Теперь ты будешь жить со мной»
"there is enough space and food for both of us"
«места и еды хватит на нас двоих»
"I thank you," said Siddhartha
«Благодарю тебя», — сказал Сиддхартха.
"I thank you and accept"
«Благодарю и принимаю»
"And I also thank you for this, Vasudeva"
«И я также благодарю тебя за это, Васудева».
"I thank you for listening to me so well"
«Я благодарю вас за то, что вы так внимательно меня выслушали».
"people who know how to listen are rare"

«люди, которые умеют слушать, редки»
"I have not met a single person who knew it as well as you do"
«Я не встречал ни одного человека, который знал бы это так же хорошо, как ты»
"I will also learn in this respect from you"
«Я также научусь в этом отношении у тебя»
"You will learn it," spoke Vasudeva
«Ты научишься этому», — сказал Васудева.
"but you will not learn it from me"
«но ты не узнаешь этого от меня»
"The river has taught me to listen"
«Река научила меня слушать»
"you will learn to listen from the river as well"
«Вы научитесь слушать и с реки»
"It knows everything, the river"
«Она все знает, река»
"everything can be learned from the river"
«У реки можно научиться всему»
"See, you've already learned this from the water too"
«Вот видишь, ты уже усвоил это из воды»
"you have learned that it is good to strive downwards"
«ты узнал, что стремиться вниз — это хорошо»
"you have learned to sink and to seek depth"
«ты научился тонуть и искать глубину»
"The rich and elegant Siddhartha is becoming an oarsman's servant"
«Богатый и элегантный Сиддхартха становится слугой гребца»
"the learned Brahman Siddhartha becomes a ferryman"
«Ученый брахман Сиддхартха становится паромщиком»
"this has also been told to you by the river"
«это также было сказано тебе рекой»
"You'll learn the other thing from it as well"
«Вы узнаете из этого и еще кое-что»
Siddhartha spoke after a long pause

Сиддхартха заговорил после долгой паузы
"What other things will I learn, Vasudeva?"
«Чему еще я научусь, Васудева?»
Vasudeva rose. "It is late," he said
Васудева встал. «Уже поздно», — сказал он.
and Vasudeva proposed going to sleep
и Васудева предложил пойти спать
"I can't tell you that other thing, oh friend"
«Я не могу сказать тебе этого, друг».
"You'll learn the other thing, or perhaps you know it already"
«Ты узнаешь что-то другое, а может быть, ты уже это знаешь»
"See, I'm no learned man"
«Видишь, я не учёный человек»
"I have no special skill in speaking"
«У меня нет особых навыков в говорении»
"I also have no special skill in thinking"
«У меня также нет особых навыков мышления»
"All I'm able to do is to listen and to be godly"
«Все, что я могу сделать, это слушать и быть благочестивым»
"I have learned nothing else"
«Я больше ничему не научился»
"If I was able to say and teach it, I might be a wise man"
«Если бы я мог это сказать и научить, я мог бы быть мудрым человеком»
"but like this I am only a ferryman"
«но в этом случае я всего лишь паромщик»
"and it is my task to ferry people across the river"
«и моя задача — переправлять людей через реку»
"I have transported many thousands of people"
«Я перевез много тысяч людей»
"and to all of them, my river has been nothing but an obstacle"
«И для всех них моя река была всего лишь препятствием»

"it was something that got in the way of their travels"
«это было что-то, что мешало их путешествиям»
"they travelled to seek money and business"
«Они путешествовали в поисках денег и бизнеса»
"they travelled for weddings and pilgrimages"
«Они путешествовали на свадьбы и паломничества»
"and the river was obstructing their path"
«и река преграждала им путь»
"the ferryman's job was to get them quickly across that obstacle"
«Задача паромщика состояла в том, чтобы быстро переправить их через это препятствие»
"But for some among thousands, a few, the river has stopped being an obstacle"
«Но для некоторых из тысяч, для немногих, река перестала быть препятствием»
"they have heard its voice and they have listened to it"
«Они услышали его голос и прислушались к нему»
"and the river has become sacred to them"
«и река стала для них священной»
"it become sacred to them as it has become sacred to me"
«это стало для них священным, как это стало священным для меня»
"for now, let us rest, Siddhartha"
«А пока, давай отдохнём, Сиддхартха»

Siddhartha stayed with the ferryman and learned to operate the boat
Сиддхартха остался с паромщиком и научился управлять лодкой.
when there was nothing to do at the ferry, he worked with Vasudeva in the rice-field
когда на пароме нечем было заняться, он работал с Васудевой на рисовом поле
he gathered wood and plucked the fruit off the banana-trees
он собрал дрова и сорвал плоды с банановых деревьев

He learned to build an oar and how to mend the boat
Он научился делать весла и чинить лодки.
he learned how to weave baskets and repaid the hut
он научился плести корзины и отплатил хижине
and he was joyful because of everything he learned
и он был рад всему, чему научился
the days and months passed quickly
дни и месяцы пролетели быстро
But more than Vasudeva could teach him, he was taught by the river
Но большему, чем Васудева мог научить его, его научила река.
Incessantly, he learned from the river
Он непрестанно учился у реки
Most of all, he learned to listen
Больше всего он научился слушать
he learned to pay close attention with a quiet heart
он научился быть внимательным с тихим сердцем
he learned to keep a waiting, open soul
он научился сохранять ожидающую, открытую душу
he learned to listen without passion
он научился слушать без страсти
he learned to listen without a wish
он научился слушать без желания
he learned to listen without judgement
он научился слушать без осуждения
he learned to listen without an opinion
он научился слушать без мнения

In a friendly manner, he lived side by side with Vasudeva
Он дружелюбно жил бок о бок с Васудевой.
occasionally they exchanged some words
время от времени они обменивались несколькими словами
then, at length, they thought about the words
затем, наконец, они задумались над словами

Vasudeva was no friend of words
Васудева не был другом слов
Siddhartha rarely succeeded in persuading him to speak
Сиддхартхе редко удавалось убедить его говорить
"did you too learn that secret from the river?"
«Ты тоже узнал этот секрет от реки?»
"the secret that there is no time?"
"секрет в том, что времени нет?"
Vasudeva's face was filled with a bright smile
Лицо Васудевы озарилось яркой улыбкой.
"Yes, Siddhartha," he spoke
«Да, Сиддхартха», — сказал он.
"I learned that the river is everywhere at once"
«Я узнал, что река находится повсюду одновременно»
"it is at the source and at the mouth of the river"
«он находится у истока и в устье реки»
"it is at the waterfall and at the ferry"
"это у водопада и у парома"
"it is at the rapids and in the sea"
«он на порогах и в море»
"it is in the mountains and everywhere at once"
«Оно находится в горах и везде одновременно»
"and I learned that there is only the present time for the river"
«И я узнал, что для реки существует только настоящее время»
"it does not have the shadow of the past"
«в нем нет тени прошлого»
"and it does not have the shadow of the future"
"и нет у него и тени будущего"
"is this what you mean?" he asked
«Это то, что ты имеешь в виду?» — спросил он.
"This is what I meant," said Siddhartha
«Вот что я имел в виду», — сказал Сиддхартха.
"And when I had learned it, I looked at my life"
«И когда я узнал это, я оглянулся на свою жизнь»

"and my life was also a river"
«И моя жизнь тоже была рекой»
"the boy Siddhartha was only separated from the man Siddhartha by a shadow"
«Мальчика Сиддхартху от взрослого Сиддхартхи отделяла лишь тень»
"and a shadow separated the man Siddhartha from the old man Siddhartha"
«и тень отделила человека Сиддхартху от старика Сиддхартхи»
"things are separated by a shadow, not by something real"
«вещи разделены тенью, а не чем-то реальным»
"Also, Siddhartha's previous births were not in the past"
«Кроме того, предыдущие рождения Сиддхартхи не были в прошлом»
"and his death and his return to Brahma is not in the future"
«и его смерть и возвращение к Брахме не в будущем»
"nothing was, nothing will be, but everything is"
«ничего не было, ничего не будет, но все есть»
"everything has existence and is present"
«все существует и присутствует»
Siddhartha spoke with ecstasy
Сиддхартха говорил с восторгом
this enlightenment had delighted him deeply
это просветление глубоко его обрадовало
"was not all suffering time?"
«Не было ли все время страданий?»
"were not all forms of tormenting oneself a form of time?"
«Разве все формы самоистязания не были формой времени?»
"was not everything hard and hostile because of time?"
«Разве не все было жестким и враждебным из-за времени?»
"is not everything evil overcome when one overcomes time?"
«Разве не все зло преодолевается, когда преодолеваешь время?»

"as soon as time leaves the mind, does suffering leave too?"
«Как только время покидает разум, страдание тоже покидает его?»
Siddhartha had spoken in ecstatic delight
Сиддхартха говорил в экстатическом восторге
but Vasudeva smiled at him brightly and nodded in confirmation
но Васудева широко улыбнулся ему и кивнул в знак подтверждения.
silently he nodded and brushed his hand over Siddhartha's shoulder
молча кивнул и провел рукой по плечу Сиддхартхи
and then he turned back to his work
а затем он вернулся к своей работе

And Siddhartha asked Vasudeva again another time
И Сиддхартха снова спросил Васудеву в другой раз:
the river had just increased its flow in the rainy season
река только что увеличила свой поток в сезон дождей
and it made a powerful noise
и он издал сильный шум
"Isn't it so, oh friend, the river has many voices?"
«Не правда ли, о друг, у реки много голосов?»
"Hasn't it the voice of a king and of a warrior?"
«Разве это не голос короля и воина?»
"Hasn't it the voice of of a bull and of a bird of the night?"
«Разве это не голос быка и ночной птицы?»
"Hasn't it the voice of a woman giving birth and of a sighing man?"
«Разве это не голос рожающей женщины и вздыхающего мужчины?»
"and does it not also have a thousand other voices?"
«И разве у него нет также тысячи других голосов?»
"it is as you say it is," Vasudeva nodded
«Все так, как ты говоришь», — кивнул Васудева.
"all voices of the creatures are in its voice"

«все голоса существ в его голосе»
"And do you know..." Siddhartha continued
«И знаешь ли ты...» — продолжал Сиддхартха.
"what word does it speak when you succeed in hearing all of voices at once?"
«Какое слово произносится, когда вам удается услышать все голоса одновременно?»
Happily, Vasudeva's face was smiling
Лицо Васудевы счастливо улыбалось.
he bent over to Siddhartha and spoke the holy Om into his ear
он наклонился к Сиддхартхе и произнес священный Ом ему на ухо
And this had been the very thing which Siddhartha had also been hearing
И это было именно то, что слышал Сиддхартха.

time after time, his smile became more similar to the ferryman's
раз за разом его улыбка становилась все более похожей на улыбку паромщика
his smile became almost just as bright as the ferryman's
его улыбка стала почти такой же яркой, как улыбка паромщика
it was almost just as thoroughly glowing with bliss
он почти так же полностью светился блаженством
shining out of thousand small wrinkles
сияющий из тысячи мелких морщинок
just like the smile of a child
как улыбка ребенка
just like the smile of an old man
как улыбка старика
Many travellers, seeing the two ferrymen, thought they were brothers
Многие путешественники, увидев двух паромщиков, думали, что они братья.

Often, they sat in the evening together by the bank
Часто они сидели вечером вместе у берега.
they said nothing and both listened to the water
они ничего не сказали и оба слушали воду
the water, which was not water to them
вода, которая для них не была водой
it wasn't water, but the voice of life
это была не вода, а голос жизни
the voice of what exists and what is eternally taking shape
голос того, что существует и того, что вечно обретает форму
it happened from time to time that both thought of the same thing
время от времени случалось, что оба думали об одном и том же
they thought of a conversation from the day before
они вспомнили разговор, который состоялся вчера
they thought of one of their travellers
они подумали об одном из своих путешественников
they thought of death and their childhood
они думали о смерти и своем детстве
they heard the river tell them the same thing
они услышали, как река сказала им то же самое.
both delighted about the same answer to the same question
оба были в восторге от одного и того же ответа на один и тот же вопрос
There was something about the two ferrymen which was transmitted to others
Было что-то в этих двух паромщиках, что передалось и другим.
it was something which many of the travellers felt
это было то, что многие путешественники чувствовали
travellers would occasionally look at the faces of the ferrymen
путешественники время от времени поглядывали на лица паромщиков

and then they told the story of their life
а затем они рассказали историю своей жизни
they confessed all sorts of evil things
они признались во всех видах злых дел
and they asked for comfort and advice
и они просили утешения и совета
occasionally someone asked for permission to stay for a night
время от времени кто-то просил разрешения остаться на ночь
they also wanted to listen to the river
они также хотели послушать реку
It also happened that curious people came
Случалось также, что любопытные приходили
they had been told that there were two wise men
им сказали, что есть два мудреца
or they had been told there were two sorcerers
или им сказали, что было два колдуна
The curious people asked many questions
Любопытные люди задавали много вопросов.
but they got no answers to their questions
но они не получили ответов на свои вопросы
they found neither sorcerers nor wise men
они не нашли ни колдунов, ни мудрецов
they only found two friendly little old men, who seemed to be mute
они нашли только двух дружелюбных старичков, которые, казалось, были немыми
they seemed to have become a bit strange in the forest by themselves
они, казалось, стали немного странными в лесу сами по себе
And the curious people laughed about what they had heard
И любопытные люди смеялись над тем, что услышали.
they said common people were foolishly spreading empty rumours

они сказали, что простые люди глупо распространяют пустые слухи

The years passed by, and nobody counted them
Годы шли, и никто их не считал.
Then, at one time, monks came by on a pilgrimage
И вот однажды сюда прибыли монахи, совершавшие паломничество.
they were followers of Gotama, the Buddha
они были последователями Готамы, Будды
they asked to be ferried across the river
они попросили переправить их через реку
they told them they were in a hurry to get back to their wise teacher
они сказали им, что спешат вернуться к своему мудрому учителю
news had spread the exalted one was deadly sick
распространились новости, что возвышенный был смертельно болен
he would soon die his last human death
он скоро умрет своей последней человеческой смертью
in order to become one with the salvation
чтобы стать единым со спасением
It was not long until a new flock of monks came
Прошло немного времени, и пришла новая группа монахов.
they were also on their pilgrimage
они также были в паломничестве
most of the travellers spoke of nothing other than Gotama
большинство путешественников говорили только о Готаме
his impending death was all they thought about
Его надвигающаяся смерть была всем, о чем они думали.
if there had been war, just as many would travel
если бы была война, столько же путешествовало бы
just as many would come to the coronation of a king
столько же людей придут на коронацию короля

they gathered like ants in droves
они собрались как муравьи в стаи
they flocked, like being drawn onwards by a magic spell
они сбились в стаю, словно их влекло вперед магическое заклинание
they went to where the great Buddha was awaiting his death
они отправились туда, где великий Будда ожидал своей смерти
the perfected one of an era was to become one with the glory
совершенный представитель эпохи должен был стать единым со славой
Often, Siddhartha thought in those days of the dying wise man
Часто Сиддхартха думал в те дни об умирающем мудреце
the great teacher whose voice had admonished nations
великий учитель, чей голос увещевал народы
the one who had awoken hundreds of thousands
тот, кто разбудил сотни тысяч
a man whose voice he had also once heard
человек, голос которого он тоже когда-то слышал
a teacher whose holy face he had also once seen with respect
учитель, святой лик которого он тоже когда-то видел с почтением
Kindly, he thought of him
По-доброму, он подумал о нем.
he saw his path to perfection before his eyes
он видел свой путь к совершенству перед своими глазами
and he remembered with a smile those words he had said to him
и он с улыбкой вспомнил те слова, которые он ему сказал
when he was a young man and spoke to the exalted one
когда он был молодым человеком и говорил с возвышенным
They had been, so it seemed to him, proud and precious words
Это были, как ему казалось, гордые и драгоценные слова.

with a smile, he remembered the the words
с улыбкой он вспомнил слова
he knew that there was nothing standing between Gotama and him any more
он знал, что больше ничего не стояло между Готамой и ним.
he had known this for a long time already
он знал это уже давно
though he was still unable to accept his teachings
хотя он все еще не мог принять его учения
there was no teaching a truly searching person
не было никакого обучения истинно ищущего человека
someone who truly wanted to find, could accept
кто-то, кто действительно хотел найти, мог принять
But he who had found the answer could approve of any teaching
Но тот, кто нашел ответ, мог одобрить любое учение.
every path, every goal, they were all the same
каждый путь, каждая цель, они все были одинаковы
there was nothing standing between him and all the other thousands any more
больше ничего не стояло между ним и всеми остальными тысячами.
the thousands who lived in that what is eternal
тысячи, которые жили в том, что вечно
the thousands who breathed what is divine
тысячи тех, кто дышал тем, что божественно

On one of these days, Kamala also went to him
В один из таких дней Камала тоже пошла к нему
she used to be the most beautiful of the courtesans
она была самой красивой из куртизанок
A long time ago, she had retired from her previous life
Давным-давно она ушла из своей прежней жизни.
she had given her garden to the monks of Gotama as a gift
она отдала свой сад монахам Готамы в дар

she had taken her refuge in the teachings
она нашла убежище в учениях
she was among the friends and benefactors of the pilgrims
она была среди друзей и благотворителей паломников
she was together with Siddhartha, the boy
она была вместе с Сиддхартхой, мальчиком
Siddhartha the boy was her son
Мальчик Сиддхартха был ее сыном
she had gone on her way due to the news of the near death of Gotama
она отправилась в путь из-за известия о близкой смерти Готамы
she was in simple clothes and on foot
она была в простой одежде и шла пешком
and she was With her little son
и она была Со своим маленьким сыном
she was travelling by the river
она путешествовала по реке
but the boy had soon grown tired
но мальчик вскоре устал
he desired to go back home
он хотел вернуться домой
he desired to rest and eat
он хотел отдохнуть и поесть
he became disobedient and started whining
он стал непослушным и начал ныть
Kamala often had to take a rest with him
Камале часто приходилось отдыхать вместе с ним
he was accustomed to getting what he wanted
он привык получать то, что хотел
she had to feed him and comfort him
ей пришлось кормить его и утешать
she had to scold him for his behaviour
ей пришлось отругать его за его поведение
He did not comprehend why he had to go on this exhausting pilgrimage

Он не понимал, зачем ему нужно было отправляться в это изнурительное паломничество.

he did not know why he had to go to an unknown place

он не знал, зачем ему нужно было идти в неизвестное место

he did know why he had to see a holy dying stranger

он знал, почему ему нужно было увидеть святого умирающего незнакомца

"So what if he died?" he complained

«Ну и что, если он умер?» — пожаловался он.

why should this concern him?

почему это должно его волновать?

The pilgrims were getting close to Vasudeva's ferry

Паломники приближались к паромной переправе Васудевы.

little Siddhartha once again forced his mother to rest

Маленький Сиддхартха снова заставил свою мать отдохнуть.

Kamala had also become tired

Камала тоже устала.

while the boy was chewing a banana, she crouched down on the ground

пока мальчик жевал банан, она присела на землю

she closed her eyes a bit and rested

она немного закрыла глаза и отдохнула

But suddenly, she uttered a wailing scream

Но вдруг она издала пронзительный крик.

the boy looked at her in fear

мальчик посмотрел на нее со страхом

he saw her face had grown pale from horror

он увидел, что ее лицо побледнело от ужаса

and from under her dress, a small, black snake fled

и из-под ее платья выползла маленькая черная змея

a snake by which Kamala had been bitten

змея, которая укусила Камалу

Hurriedly, they both ran along the path, to reach people

Они оба поспешно побежали по тропинке, чтобы добраться до людей.
they got near to the ferry and Kamala collapsed
они приблизились к парому, и Камала упала в обморок
she was not able to go any further
она не смогла пойти дальше
the boy started crying miserably
мальчик начал горько плакать
his cries were only interrupted when he kissed his mother
его крики прервались только тогда, когда он поцеловал свою мать
she also joined his loud screams for help
она также присоединилась к его громким крикам о помощи
she screamed until the sound reached Vasudeva's ears
она кричала до тех пор, пока звук не достиг ушей Васудевы.
Vasudeva quickly came and took the woman on his arms
Васудева быстро подошел и взял женщину на руки.
he carried her into the boat and the boy ran along
он отнес ее в лодку, и мальчик побежал вместе с ней.
soon they reached the hut, where Siddhartha stood by the stove
вскоре они достигли хижины, где Сиддхартха стоял у печи
he was just lighting the fire
он просто разжигал огонь
He looked up and first saw the boy's face
Он поднял глаза и впервые увидел лицо мальчика.
it wondrously reminded him of something
это чудесным образом напомнило ему что-то
like a warning to remember something he had forgotten
как предупреждение вспомнить что-то, что он забыл
Then he saw Kamala, whom he instantly recognised
Затем он увидел Камалу, которую сразу узнал.
she lay unconscious in the ferryman's arms
она лежала без сознания на руках паромщика

now he knew that it was his own son
теперь он знал, что это был его собственный сын
his son whose face had been such a warning reminder to him
его сын, чье лицо было для него таким предостерегающим напоминанием
and the heart stirred in his chest
и сердце затрепетало в груди
Kamala's wound was washed, but had already turned black
Рана Камалы была промыта, но уже почернела.
and her body was swollen
и ее тело было опухшим
she was made to drink a healing potion
ее заставили выпить лечебное зелье
Her consciousness returned and she lay on Siddhartha's bed
Ее сознание вернулось, и она легла на кровать Сиддхартхи.
Siddhartha stood over Kamala, who he used to love so much
Сиддхартха стоял над Камалой, которую он так любил
It seemed like a dream to her
Ей это показалось сном.
with a smile, she looked at her friend's face
с улыбкой она посмотрела на лицо своей подруги
slowly she realized her situation
медленно она осознала свое положение
she remembered she had been bitten
она вспомнила, что ее укусили
and she timidly called for her son
и она робко позвала своего сына
"He's with you, don't worry," said Siddhartha
«Он с тобой, не волнуйся», — сказал Сиддхартха.
Kamala looked into his eyes
Камала посмотрела ему в глаза
She spoke with a heavy tongue, paralysed by the poison
Она говорила тяжелым языком, парализованная ядом.
"You've become old, my dear," she said
«Ты постарел, мой дорогой», — сказала она.

"you've become gray," she added
«Ты стал седым», — добавила она.
"But you are like the young Samana, who came without clothes"
«Но ты как юная Самана, которая пришла без одежды»
"you're like the Samana who came into my garden with dusty feet"
«Ты как самана, которая пришла в мой сад с пыльными ногами»
"You are much more like him than you were when you left me"
«Ты гораздо больше похож на него, чем был, когда оставил меня»
"In the eyes, you're like him, Siddhartha"
«В глазах ты похож на него, Сиддхартха»
"Alas, I have also grown old"
«Увы, я тоже постарел»
"could you still recognise me?"
«Вы все еще можете меня узнать?»
Siddhartha smiled, "Instantly, I recognised you, Kamala, my dear"
Сиддхартха улыбнулся: «Я сразу узнал тебя, Камала, моя дорогая».
Kamala pointed to her boy
Камала указала на своего мальчика
"Did you recognise him as well?"
«Вы тоже его узнали?»
"He is your son," she confirmed
«Он твой сын», — подтвердила она.
Her eyes became confused and fell shut
Ее глаза смутились и закрылись.
The boy wept and Siddhartha took him on his knees
Мальчик заплакал, и Сиддхартха посадил его к себе на колени.
he let him weep and petted his hair
он позволил ему плакать и погладил его по волосам

at the sight of the child's face, a Brahman prayer came to his mind
при виде лица ребенка ему на ум пришла брахманская молитва

a prayer which he had learned a long time ago
молитва, которую он выучил давным-давно

a time when he had been a little boy himself
время, когда он сам был маленьким мальчиком

Slowly, with a singing voice, he started to speak
Медленно, напевным голосом, он начал говорить

from his past and childhood, the words came flowing to him
из его прошлого и детства к нему текли слова

And with that song, the boy became calm
И с этой песней мальчик успокоился.

he was only now and then uttering a sob
он только время от времени всхлипывал

and finally he fell asleep
и наконец он уснул

Siddhartha placed him on Vasudeva's bed
Сиддхартха положил его на кровать Васудевы.

Vasudeva stood by the stove and cooked rice
Васудева стоял у плиты и варил рис.

Siddhartha gave him a look, which he returned with a smile
Сиддхартха бросил на него взгляд, на который он ответил улыбкой.

"She'll die," Siddhartha said quietly
«Она умрет», — тихо сказал Сиддхартха.

Vasudeva knew it was true, and nodded
Васудева знал, что это правда, и кивнул.

over his friendly face ran the light of the stove's fire
по его дружелюбному лицу пробегал свет огня в печи

once again, Kamala returned to consciousness
Камала снова пришла в сознание.

the pain of the poison distorted her face
боль от яда исказила ее лицо

Siddhartha's eyes read the suffering on her mouth

Глаза Сиддхартхи прочитали страдание на ее губах.
from her pale cheeks he could see that she was suffering
по ее бледным щекам он видел, что она страдает
Quietly, he read the pain in her eyes
Он молча прочитал боль в ее глазах.
attentively, waiting, his mind become one with her suffering
внимательно, ожидая, его разум становится единым с ее страданием
Kamala felt it and her gaze sought his eyes
Камала почувствовала это, и ее взгляд нашел его глаза.
Looking at him, she spoke
Глядя на него, она заговорила
"Now I see that your eyes have changed as well"
«Теперь я вижу, что твои глаза тоже изменились»
"They've become completely different"
«Они стали совершенно другими»
"what do I still recognise in you that is Siddhartha?
«Что я еще узнаю в тебе от Сиддхартхи?
"It's you, and it's not you"
«Это ты, и это не ты»
Siddhartha said nothing, quietly his eyes looked at hers
Сиддхартха ничего не сказал, его глаза молча смотрели на нее.
"You have achieved it?" she asked
«Ты добился этого?» — спросила она.
"You have found peace?"
«Ты обрел покой?»
He smiled and placed his hand on hers
Он улыбнулся и положил свою руку на ее.
"I'm seeing it" she said
«Я вижу это», — сказала она.
"I too will find peace"
«Я тоже обрету покой»
"You have found it," Siddhartha spoke in a whisper
«Ты нашел его», — прошептал Сиддхартха.
Kamala never stopped looking into his eyes

Камала не переставала смотреть ему в глаза.
She thought about her pilgrimage to Gotama
Она думала о своем паломничестве в Готаму.
the pilgrimage which she wanted to take
паломничество, которое она хотела совершить
in order to see the face of the perfected one
чтобы увидеть лицо совершенного
in order to breathe his peace
чтобы вдохнуть его покой
but she had now found it in another place
но теперь она нашла его в другом месте
and this she thought that was good too
и это она тоже подумала, что это хорошо
it was just as good as if she had seen the other one
это было так же хорошо, как если бы она увидела другого
She wanted to tell this to him
Она хотела сказать ему это.
but her tongue no longer obeyed her will
но ее язык больше не подчинялся ее воле
Without speaking, she looked at him
Не говоря ни слова, она посмотрела на него.
he saw the life fading from her eyes
он видел, как жизнь угасает в ее глазах
the final pain filled her eyes and made them grow dim
последняя боль наполнила ее глаза и заставила их потускнеть
the final shiver ran through her limbs
последняя дрожь пробежала по ее конечностям
his finger closed her eyelids
его палец закрыл ей веки

For a long time, he sat and looked at her peacefully dead face
Он долго сидел и смотрел на ее мирно мертвое лицо.
For a long time, he observed her mouth
Долгое время он наблюдал за ее ртом.

her old, tired mouth, with those lips, which had become thin
ее старый, усталый рот, с этими губами, которые стали тонкими
he remembered he used to compare this mouth with a freshly cracked fig
он вспомнил, что сравнивал этот рот со свежеразрезанным инжиром
this was in the spring of his years
это было весной его лет
For a long time, he sat and read the pale face
Долго сидел он и читал по бледному лицу
he read the tired wrinkles
он прочитал усталые морщины
he filled himself with this sight
он наполнил себя этим зрелищем
he saw his own face in the same manner
он увидел свое собственное лицо таким же образом
he saw his face was just as white
он увидел, что его лицо было таким же белым
he saw his face was just as quenched out
он увидел, что его лицо было таким же потухшим
at the same time he saw his face and hers being young
в то же время он увидел свое лицо и ее молодость
their faces with red lips and fiery eyes
их лица с красными губами и огненными глазами
the feeling of both being real at the same time
ощущение того, что оба они реальны одновременно
the feeling of eternity completely filled every aspect of his being
чувство вечности полностью заполнило каждую сторону его существа
in this hour he felt more deeply than than he had ever felt before
в этот час он чувствовал себя глубже, чем когда-либо прежде
he felt the indestructibility of every life

он чувствовал неуничтожимость всякой жизни
he felt the eternity of every moment
он чувствовал вечность каждого мгновения
When he rose, Vasudeva had prepared rice for him
Когда он встал, Васудева приготовил для него рис.
But Siddhartha did not eat that night
Но Сиддхартха не ел в ту ночь.
In the stable their goat stood
В хлеву их коза стояла
the two old men prepared beds of straw for themselves
Двое стариков приготовили себе постели из соломы.
Vasudeva laid himself down to sleep
Васудева лег спать
But Siddhartha went outside and sat before the hut
Но Сиддхартха вышел наружу и сел перед хижиной.
he listened to the river, surrounded by the past
он слушал реку, окруженный прошлым
he was touched and encircled by all times of his life at the same time
он был тронут и окружен всеми периодами своей жизни одновременно
occasionally he rose and he stepped to the door of the hut
время от времени он вставал и подходил к двери хижины
he listened whether the boy was sleeping
он слушал, спит ли мальчик

before the sun could be seen, Vasudeva came out of the stable
Прежде чем показалось солнце, Васудева вышел из хлева
he walked over to his friend
он подошел к своему другу
"You haven't slept," he said
«Ты не спал», — сказал он.
"No, Vasudeva. I sat here"
«Нет, Васудева. Я сидел здесь».
"I was listening to the river"

«Я слушал реку»
"the river has told me a lot"
«река рассказала мне многое»
"it has deeply filled me with the healing thought of oneness"
«это глубоко наполнило меня исцеляющей мыслью о единстве»
"You've experienced suffering, Siddhartha"
«Ты испытал страдания, Сиддхартха»
"but I see no sadness has entered your heart"
«но я вижу, что печаль не вошла в твое сердце»
"No, my dear, how should I be sad?"
«Нет, дорогая, как мне быть грустной?»
"I, who have been rich and happy"
«Я, который был богат и счастлив»
"I have become even richer and happier now"
«Теперь я стал еще богаче и счастливее»
"My son has been given to me"
«Мне дали сына»
"Your son shall be welcome to me as well"
«Твой сын тоже будет желанным гостем для меня»
"But now, Siddhartha, let's get to work"
«Но теперь, Сиддхартха, давай приступим к работе»
"there is much to be done"
«многое предстоит сделать»
"Kamala has died on the same bed on which my wife had died"
«Камала умерла на той же кровати, на которой умерла моя жена»
"Let us build Kamala's funeral pile on the hill"
«Давайте построим погребальный костер Камалы на холме»
"the hill on which I my wife's funeral pile is"
"холм, на котором находится погребальный костер моей жены"
While the boy was still asleep, they built the funeral pile
Пока мальчик спал, они соорудили погребальный костер.

The Son
Сын

Timid and weeping, the boy had attended his mother's funeral
Застенчивый и плачущий мальчик присутствовал на похоронах своей матери.
gloomy and shy, he had listened to Siddhartha
Мрачный и застенчивый, он слушал Сиддхартху
Siddhartha greeted him as his son
Сиддхартха приветствовал его как своего сына
he welcomed him at his place in Vasudeva's hut
он приветствовал его у себя в хижине Васудевы
Pale, he sat for many days by the hill of the dead
Бледный, он много дней сидел у холма мертвых.
he did not want to eat
он не хотел есть
he did not look at anyone
он ни на кого не смотрел
he did not open his heart
он не открыл свое сердце
he met his fate with resistance and denial
он встретил свою судьбу с сопротивлением и отрицанием
Siddhartha spared giving him lessons
Сиддхартха избавил его от необходимости давать ему уроки
and he let him do as he pleased
и он позволил ему делать то, что ему заблагорассудится
Siddhartha honoured his son's mourning
Сиддхартха почтил траур своего сына
he understood that his son did not know him
он понял, что сын его не знает
he understood that he could not love him like a father
он понял, что не может любить его как отца
Slowly, he also understood that the eleven-year-old was a pampered boy

Постепенно он также понял, что одиннадцатилетний мальчик был избалованным мальчиком.
he saw that he was a mother's boy
он увидел, что он маменькин сынок
he saw that he had grown up in the habits of rich people
он увидел, что вырос в привычках богатых людей
he was accustomed to finer food and a soft bed
он привык к более изысканной пище и мягкой постели
he was accustomed to giving orders to servants
он привык отдавать приказы слугам
the mourning child could not suddenly be content with a life among strangers
скорбящий ребенок не мог вдруг смириться с жизнью среди чужих людей
Siddhartha understood the pampered child would not willingly be in poverty
Сиддхартха понимал, что избалованный ребенок не захочет жить в бедности.
He did not force him to do these these things
Он не заставлял его делать эти вещи.
Siddhartha did many chores for the boy
Сиддхартха сделал много работы по дому для мальчика.
he always saved the best piece of the meal for him
он всегда приберегал для себя лучший кусок еды
Slowly, he hoped to win him over, by friendly patience
Он надеялся постепенно склонить его на свою сторону, проявляя дружеское терпение.
Rich and happy, he had called himself, when the boy had come to him
Богатым и счастливым он себя назвал, когда мальчик пришел к нему.
Since then some time had passed
С тех пор прошло некоторое время.
but the boy remained a stranger and in a gloomy disposition
но мальчик остался чужим и в мрачном расположении духа

he displayed a proud and stubbornly disobedient heart
он проявил гордое и упрямо непокорное сердце
he did not want to do any work
он не хотел делать никакой работы
he did not pay his respect to the old men
он не оказал почтения старикам
he stole from Vasudeva's fruit-trees
он украл с фруктовых деревьев Васудевы
his son had not brought him happiness and peace
его сын не принес ему счастья и покоя
the boy had brought him suffering and worry
мальчик принес ему страдания и беспокойство
slowly Siddhartha began to understand this
Постепенно Сиддхартха начал это понимать.
But he loved him regardless of the suffering he brought him
Но он любил его, несмотря на страдания, которые тот ему принёс.
he preferred the suffering and worries of love over happiness and joy without the boy
он предпочел страдания и переживания любви счастью и радости без мальчика
from when young Siddhartha was in the hut the old men had split the work
с тех пор, как молодой Сиддхартха был в хижине, старики разделили работу
Vasudeva had again taken on the job of the ferryman
Васудева снова взял на себя работу паромщика.
and Siddhartha, in order to be with his son, did the work in the hut and the field
и Сиддхартха, чтобы быть со своим сыном, делал работу в хижине и в поле

for long months Siddhartha waited for his son to understand him
долгие месяцы Сиддхартха ждал, когда сын поймет его
he waited for him to accept his love

он ждал, что тот примет его любовь
and he waited for his son to perhaps reciprocate his love
и он ждал, что его сын, возможно, ответит ему взаимностью
For long months Vasudeva waited, watching
Долгие месяцы Васудева ждал, наблюдая
he waited and said nothing
он ждал и ничего не сказал
One day, young Siddhartha tormented his father very much
Однажды молодой Сиддхартха очень изводил своего отца.
he had broken both of his rice-bowls
он разбил обе свои миски для риса
Vasudeva took his friend aside and talked to him
Васудева отвел своего друга в сторону и поговорил с ним.
"Pardon me," he said to Siddhartha
«Прости меня», — сказал он Сиддхартхе.
"from a friendly heart, I'm talking to you"
«от всего сердца говорю с тобой»
"I'm seeing that you are tormenting yourself"
«Я вижу, что ты себя мучаешь»
"I'm seeing that you're in grief"
«Я вижу, что ты в горе»
"Your son, my dear, is worrying you"
«Твой сын, моя дорогая, беспокоит тебя»
"and he is also worrying me"
"и он тоже беспокоит меня"
"That young bird is accustomed to a different life"
«Эта молодая птица привыкла к другой жизни»
"he is used to living in a different nest"
«он привык жить в другом гнезде»
"he has not, like you, run away from riches and the city"
«Он не бежал, как ты, от богатства и города»
"he was not disgusted and fed up with the life in Sansara"
«Он не был сыт по горло жизнью в Сансаре и не чувствовал отвращения к ней»
"he had to do all these things against his will"

«Он должен был сделать все это против своей воли»
"he had to leave all this behind"
«ему пришлось оставить все это позади»
"I asked the river, oh friend"
«Я спросил реку, о друг»
"many times I have asked the river"
«много раз я спрашивал реку»
"But the river laughs at all of this"
«Но река смеется над всем этим»
"it laughs at me and it laughs at you"
«Оно смеется надо мной и над тобой»
"the river is shaking with laughter at our foolishness"
«река трясется от смеха над нашей глупостью»
"Water wants to join water as youth wants to join youth"
«Вода хочет присоединиться к воде, как и молодежь хочет присоединиться к молодежи»
"your son is not in the place where he can prosper"
«твой сын не в том месте, где он может преуспеть»
"you too should ask the river"
«Тебе тоже стоит спросить реку»
"you too should listen to it!"
«Вы тоже должны это послушать!»
Troubled, Siddhartha looked into his friendly face
Обеспокоенный, Сиддхартха взглянул в его дружелюбное лицо
he looked at the many wrinkles in which there was incessant cheerfulness
он посмотрел на многочисленные морщины, в которых была непрестанная веселость
"How could I part with him?" he said quietly, ashamed
«Как я мог с ним расстаться?» — тихо сказал он, стыдясь.
"Give me some more time, my dear"
«Дай мне еще немного времени, моя дорогая»
"See, I'm fighting for him"
«Видишь, я борюсь за него»
"I'm seeking to win his heart"

«Я стремлюсь завоевать его сердце»
"with love and with friendly patience I intend to capture it"
«С любовью и дружеским терпением я намерен запечатлеть его»
"One day, the river shall also talk to him"
«Однажды река тоже заговорит с ним»
"he also is called upon"
"он также призван"
Vasudeva's smile flourished more warmly
Улыбка Васудевы расцвела еще теплее.
"Oh yes, he too is called upon"
«О да, его тоже призывают»
"he too is of the eternal life"
«Он тоже принадлежит вечной жизни»
"But do we, you and me, know what he is called upon to do?"
«Но знаем ли мы, вы и я, что он призван делать?»
"we know what path to take and what actions to perform"
«мы знаем, какой путь выбрать и какие действия предпринять»
"we know what pain we have to endure"
«мы знаем, какую боль нам приходится терпеть»
"but does he know these things?"
«Но знает ли он эти вещи?»
"Not a small one, his pain will be"
«Не маленький, его боль будет»
"after all, his heart is proud and hard"
«Ведь сердце его гордо и жестоко»
"people like this have to suffer and err a lot"
«таким людям приходится много страдать и ошибаться»
"they have to do much injustice"
«им приходится творить много несправедливости»
"and they have burden themselves with much sin"
«и они обременили себя многими грехами»
"Tell me, my dear," he asked of Siddhartha
«Скажи мне, мой дорогой», — спросил он Сиддхартху.

"you're not taking control of your son's upbringing?"
«Вы не контролируете воспитание своего сына?»
"You don't force him, beat him, or punish him?"
«Вы его не принуждаете, не бьете и не наказываете?»
"No, Vasudeva, I don't do any of these things"
«Нет, Васудева, я ничего такого не делаю».
"I knew it. You don't force him"
«Я так и знала. Его не заставишь».
"you don't beat him and you don't give him orders"
«Вы не должны его бить и не должны ему приказывать»
"because you know softness is stronger than hard"
«потому что ты знаешь, что мягкость сильнее твёрдости»
"you know water is stronger than rocks"
«Ты знаешь, вода крепче камней»
"and you know love is stronger than force"
"и ты знаешь, любовь сильнее силы"
"Very good, I praise you for this"
«Очень хорошо, я хвалю тебя за это»
"But aren't you mistaken in some way?"
«Но разве вы не ошибаетесь в чем-то?»
"don't you think that you are forcing him?"
«Вы не думаете, что вы его принуждаете?»
"don't you perhaps punish him a different way?"
«Может быть, вы накажете его по-другому?»
"Don't you shackle him with your love?"
«Разве ты не сковываешь его своей любовью?»
"Don't you make him feel inferior every day?"
«Разве ты не заставляешь его чувствовать себя неполноценным каждый день?»
"doesn't your kindness and patience make it even harder for him?"
«Разве твоя доброта и терпение не усложняют ему задачу еще больше?»
"aren't you forcing him to live in a hut with two old banana-eaters?"

«Разве вы не заставляете его жить в хижине с двумя старыми бананоедами?»
"old men to whom even rice is a delicacy"
«старики, для которых даже рис — деликатес»
"old men whose thoughts can't be his"
"старики, чьи мысли не могут быть его мыслями"
"old men whose hearts are old and quiet"
«старики, чьи сердца стары и тихи»
"old men whose hearts beat in a different pace than his"
"старики, чьи сердца бьются в другом ритме, чем его"
"Isn't he forced and punished by all this?""
«Разве он не принужден и не наказан всем этим?»
Troubled, Siddhartha looked to the ground
Встревоженный, Сиддхартха посмотрел на землю
Quietly, he asked, "What do you think should I do?"
Он тихо спросил: «Как ты думаешь, что мне делать?»
Vasudeva spoke, "Bring him into the city"
Васудева сказал: «Приведите его в город».
"bring him into his mother's house"
«приведите его в дом матери его»
"there'll still be servants around, give him to them"
«там еще будут слуги, отдай его им»
"And if there aren't any servants, bring him to a teacher"
«А если нет слуг, отведите его к учителю».
"but don't bring him to a teacher for teachings' sake"
«но не приводите его к учителю ради учения»
"bring him to a teacher so that he is among other children"
«приведите его к учителю, чтобы он был среди других детей»
"and bring him to the world which is his own"
«и привести его в мир, который принадлежит ему»
"have you never thought of this?"
«Вы никогда не думали об этом?»
"you're seeing into my heart," Siddhartha spoke sadly
«Ты видишь мое сердце», — грустно сказал Сиддхартха.
"Often, I have thought of this"

«Я часто думал об этом»
"but how can I put him into this world?"
«Но как мне поместить его в этот мир?»
"Won't he become exuberant?"
«Разве он не станет буйным?»
"won't he lose himself to pleasure and power?"
«не потеряет ли он себя ради удовольствий и власти?»
"won't he repeat all of his father's mistakes?"
«не повторит ли он все ошибки своего отца?»
"won't he perhaps get entirely lost in Sansara?"
«А не затеряется ли он окончательно в Сансаре?»
Brightly, the ferryman's smile lit up
Ярко засияла улыбка паромщика.
softly, he touched Siddhartha's arm
мягко он коснулся руки Сиддхартхи
"Ask the river about it, my friend!"
«Спроси об этом реку, мой друг!»
"Hear the river laugh about it!"
«Послушайте, как река смеется над этим!»
"Would you actually believe that you had committed your foolish acts?
«Вы действительно поверите, что совершили свои глупые поступки?
"in order to spare your son from committing them too"
«чтобы уберечь твоего сына от совершения их»
"And could you in any way protect your son from Sansara?"
«А могли бы вы как-то защитить своего сына от Сансары?»
"How could you protect him from Sansara?"
«Как ты мог защитить его от Сансары?»
"By means of teachings, prayer, admonition?"
«Посредством учения, молитвы, увещания?»
"My dear, have you entirely forgotten that story?"
«Дорогая, ты совсем забыла эту историю?»
"the story containing so many lessons"
«история, содержащая так много уроков»
"the story about Siddhartha, a Brahman's son"

"история о Сиддхартхе, сыне брахмана"
"the story which you once told me here on this very spot?"
«историю, которую ты мне однажды рассказал здесь, на этом самом месте?»
"Who has kept the Samana Siddhartha safe from Sansara?"
«Кто защитил Саману Сиддхартху от Сансары?»
"who has kept him from sin, greed, and foolishness?"
«кто удержал его от греха, жадности и глупости?»
"Were his father's religious devotion able to keep him safe?"
«Смогла ли религиозная преданность его отца защитить его?
"were his teacher's warnings able to keep him safe?"
«Смогли ли предупреждения учителя уберечь его?»
"could his own knowledge keep him safe?"
«могут ли его собственные знания защитить его?»
"was his own search able to keep him safe?"
«Смог ли его собственный поиск обеспечить его безопасность?»
"What father has been able to protect his son?"
«Какой отец смог защитить своего сына?»
"what father could keep his son from living his life for himself?"
«какой отец мог бы помешать своему сыну жить своей жизнью?»
"what teacher has been able to protect his student?"
«какой учитель смог защитить своего ученика?»
"what teacher can stop his student from soiling himself with life?"
«какой учитель может удержать своего ученика от того, чтобы запятнать себя жизнью?»
"who could stop him from burdening himself with guilt?"
«кто мог помешать ему обременить себя чувством вины?»
"who could stop him from drinking the bitter drink for himself?"
«Кто мог помешать ему самому выпить этот горький напиток?»

"who could stop him from finding his path for himself?"
«Кто мог помешать ему найти свой путь?»
"did you think anybody could be spared from taking this path?"
«Вы думали, что кто-то сможет избежать этого пути?»
"did you think that perhaps your little son would be spared?"
«Вы думали, что, возможно, ваш маленький сын будет спасен?»
"did you think your love could do all that?"
«Ты думал, что твоя любовь способна на все это?»
"did you think your love could keep him from suffering"
«Ты думала, что твоя любовь сможет уберечь его от страданий»
"did you think your love could protect him from pain and disappointment?
«Вы думали, что ваша любовь сможет защитить его от боли и разочарования?
"you could die ten times for him"
«за него можно умереть десять раз»
"but you could take no part of his destiny upon yourself"
«но ты не мог взять на себя часть его судьбы»

Never before, Vasudeva had spoken so many words
Никогда прежде Васудева не говорил так много слов.

Kindly, Siddhartha thanked him
Сиддхартха любезно поблагодарил его.

he went troubled into the hut
он вошел в хижину встревоженный

he could not sleep for a long time
он долго не мог уснуть

Vasudeva had told him nothing he had not already thought and known
Васудева не сказал ему ничего, что он уже не думал и не знал.

But this was a knowledge he could not act upon

Но это было знание, на основании которого он не мог действовать.
stronger than knowledge was his love for the boy
Сильнее знания была его любовь к мальчику
stronger than knowledge was his tenderness
сильнее знания была его нежность
stronger than knowledge was his fear to lose him
сильнее знания был страх его потерять
had he ever lost his heart so much to something?
отдавал ли он когда-нибудь чему-то свое сердце настолько?
had he ever loved any person so blindly?
любил ли он когда-нибудь кого-нибудь так слепо?
had he ever suffered for someone so unsuccessfully?
страдал ли он когда-нибудь за кого-то столь безуспешно?
had he ever made such sacrifices for anyone and yet been so unhappy?
приносил ли он когда-нибудь такие жертвы ради кого-либо и при этом был таким несчастным?
Siddhartha could not heed his friend's advice
Сиддхартха не мог прислушаться к совету своего друга.
he could not give up the boy
он не мог отказаться от мальчика
He let the boy give him orders
Он позволил мальчику отдавать ему приказы.
he let him disregard him
он позволил ему пренебречь им
He said nothing and waited
Он ничего не сказал и ждал.
daily, he attempted the struggle of friendliness
ежедневно он пытался бороться за дружелюбие
he initiated the silent war of patience
он начал молчаливую войну терпения
Vasudeva also said nothing and waited
Васудева тоже ничего не сказал и ждал.
They were both masters of patience

Они оба были мастерами терпения.

one time the boy's face reminded him very much of Kamala
однажды лицо мальчика очень напомнило ему Камалу
Siddhartha suddenly had to think of something Kamala had once said
Сиддхартха внезапно вспомнил то, что однажды сказала Камала.
"You cannot love" she had said to him
«Ты не можешь любить», — сказала она ему.
and he had agreed with her
и он согласился с ней
and he had compared himself with a star
и он сравнил себя со звездой
and he had compared the childlike people with falling leaves
и он сравнил детей-людей с падающими листьями
but nevertheless, he had also sensed an accusation in that line
но тем не менее, он также почувствовал обвинение в этой строке
Indeed, he had never been able to love
На самом деле, он никогда не умел любить
he had never been able to devote himself completely to another person
он никогда не мог полностью посвятить себя другому человеку
he had never been able to to forget himself
он никогда не мог забыть себя
he had never been able to commit foolish acts for the love of another person
он никогда не был способен совершать глупые поступки из-за любви к другому человеку
at that time it seemed to set him apart from the childlike people

в то время это, казалось, отличало его от по-детски наивных людей

But ever since his son was here, Siddhartha also become a childlike person

Но с тех пор, как его сын был здесь, Сиддхартха тоже стал похожим на ребенка человеком.

he was suffering for the sake of another person

он страдал ради другого человека

he was loving another person

он любил другого человека

he was lost to a love for someone else

он был потерян из-за любви к кому-то другому

he had become a fool on account of love

он стал глупцом из-за любви

Now he too felt the strongest and strangest of all passions

Теперь он тоже почувствовал самую сильную и странную из всех страстей.

he suffered from this passion miserably

он ужасно страдал от этой страсти

and he was nevertheless in bliss

и он тем не менее был в блаженстве

he was nevertheless renewed in one respect

он был тем не менее обновлен в одном отношении

he was enriched by this one thing

он обогатился благодаря этой одной вещи

He sensed very well that this blind love for his son was a passion

Он очень хорошо чувствовал, что эта слепая любовь к сыну была страстью

he knew that it was something very human

он знал, что это было что-то очень человеческое

he knew that it was Sansara

он знал, что это Сансара

he knew that it was a murky source, dark waters

он знал, что это был мутный источник, темные воды

but he felt it was not worthless, but necessary

но он чувствовал, что это не бесполезно, а необходимо
it came from the essence of his own being
это исходило из сути его собственного существа
This pleasure also had to be atoned for
Это удовольствие также пришлось искупить.
this pain also had to be endured
эту боль тоже пришлось пережить
these foolish acts also had to be committed
эти глупые поступки также должны были быть совершены
Through all this, the son let him commit his foolish acts
Несмотря на все это, сын позволил ему совершить свои глупые поступки.
he let him court for his affection
он позволил ему ухаживать за своей привязанностью
he let him humiliate himself every day
он позволял ему унижать себя каждый день
he gave in to the moods of his son
он поддался настроениям своего сына
his father had nothing which could have delighted him
у его отца не было ничего, что могло бы его порадовать
and he nothing that the boy feared
и он ничего, чего боялся мальчик
He was a good man, this father
Он был хорошим человеком, этот отец.
he was a good, kind, soft man
он был хорошим, добрым, мягким человеком
perhaps he was a very devout man
возможно, он был очень набожным человеком
perhaps he was a saint, the boy thought
возможно, он был святым, подумал мальчик
but all these attributes could not win the boy over
но все эти качества не смогли завоевать расположение мальчика
He was bored by this father, who kept him imprisoned
Ему было скучно с отцом, который держал его в тюрьме.
a prisoner in this miserable hut of his

узник в этой жалкой хижине своей
he was bored of him answering every naughtiness with a smile
ему надоело, что он на каждую шалость отвечает улыбкой
he didn't appreciate insults being responded to by friendliness
он не ценил, когда на оскорбления отвечали дружелюбием
he didn't like viciousness returned in kindness
он не любил, чтобы злость воздавалась добром
this very thing was the hated trick of this old sneak
именно это и было ненавистным трюком этого старого пройдохи
Much more the boy would have liked it if he had been threatened by him
Гораздо больше мальчику понравилось бы, если бы он ему угрожал.
he wanted to be abused by him
он хотел, чтобы его оскорбляли

A day came when young Siddhartha had had enough
Настал день, когда молодому Сиддхартхе это надоело.
what was on his mind came bursting forth
то, что было у него на уме, вырвалось наружу
and he openly turned against his father
и он открыто выступил против своего отца
Siddhartha had given him a task
Сиддхартха дал ему задание
he had told him to gather brushwood
он сказал ему собрать хворост
But the boy did not leave the hut
Но мальчик не вышел из хижины.
in stubborn disobedience and rage, he stayed where he was
В упрямом непослушании и ярости он остался там, где был.
he thumped on the ground with his feet
он ударил ногой по земле

he clenched his fists and screamed in a powerful outburst
он сжал кулаки и закричал в мощном порыве
he screamed his hatred and contempt into his father's face
он выкрикивал свою ненависть и презрение в лицо отцу
"Get the brushwood for yourself!" he shouted, foaming at the mouth
«Тащи себе хворост!» — кричал он, пуская пену изо рта.
"I'm not your servant"
«Я не твой слуга»
"I know that you won't hit me, you wouldn't dare"
«Я знаю, что ты меня не ударишь, ты не посмеешь».
"I know that you constantly want to punish me"
«Я знаю, что ты постоянно хочешь меня наказать»
"you want to put me down with your religious devotion and your indulgence"
«Вы хотите унизить меня своей религиозной преданностью и своей снисходительностью»
"You want me to become like you"
«Ты хочешь, чтобы я стал таким, как ты»
"you want me to be just as devout, soft, and wise as you"
«Ты хочешь, чтобы я был таким же набожным, мягким и мудрым, как ты»
"but I won't do it, just to make you suffer"
«но я не буду этого делать, просто чтобы заставить тебя страдать»
"I would rather become a highway-robber than be as soft as you"
«Я бы лучше стал грабителем с большой дороги, чем таким же мягким, как ты»
"I would rather be a murderer than be as wise as you"
«Я бы лучше был убийцей, чем таким мудрым, как ты»
"I would rather go to hell, than to become like you!"
«Я лучше отправлюсь в ад, чем стану таким, как ты!»
"I hate you, you're not my father
«Я тебя ненавижу, ты мне не отец.

"even if you've slept with my mother ten times, you are not my father!"
«Даже если ты переспал с моей матерью десять раз, ты мне не отец!»
Rage and grief boiled over in him
Ярость и горе кипели в нем.
he foamed at his father in a hundred savage and evil words
он обрушился на отца сотней диких и злых слов
Then the boy ran away into the forest
Потом мальчик убежал в лес.
it was late at night when the boy returned
Была уже поздняя ночь, когда мальчик вернулся.
But the next morning, he had disappeared
Но на следующее утро он исчез.
What had also disappeared was a small basket
Исчезла также небольшая корзинка.
the basket in which the ferrymen kept those copper and silver coins
корзина, в которой перевозчики хранили медные и серебряные монеты
the coins which they received as a fare
монеты, которые они получили в качестве платы за проезд
The boat had also disappeared
Лодка также исчезла.
Siddhartha saw the boat lying by the opposite bank
Сиддхартха увидел лодку, лежащую у противоположного берега.
Siddhartha had been shivering with grief
Сиддхартха дрожал от горя
the ranting speeches the boy had made touched him
разглагольствования мальчика тронули его
"I must follow him," said Siddhartha
«Я должен последовать за ним», — сказал Сиддхартха.
"A child can't go through the forest all alone, he'll perish"
«Ребенок не может идти через лес один, он погибнет».
"We must build a raft, Vasudeva, to get over the water"

«Нам нужно построить плот, Васудева, чтобы перебраться через воду».
"We will build a raft" said Vasudeva
«Мы построим плот», — сказал Васудева.
"we will build it to get our boat back"
«Мы построим его, чтобы вернуть нашу лодку»
"But you shall not run after your child, my friend"
«Но ты не должен бегать за своим ребенком, мой друг»
"he is no child anymore"
«он больше не ребенок»
"he knows how to get around"
«он знает, как передвигаться»
"He's looking for the path to the city"
«Он ищет путь в город»
"and he is right, don't forget that"
"и он прав, не забывайте об этом"
"he's doing what you've failed to do yourself"
«Он делает то, что ты сам не смог сделать»
"he's taking care of himself"
«он заботится о себе сам»
"he's taking his course for himself"
«Он идет своим путем»
"Alas, Siddhartha, I see you suffering"
«Увы, Сиддхартха, я вижу, как ты страдаешь»
"but you're suffering a pain at which one would like to laugh"
«но ты страдаешь от боли, над которой хочется смеяться»
"you're suffering a pain at which you'll soon laugh yourself"
«Вы страдаете от боли, над которой вскоре сами будете смеяться»
Siddhartha did not answer his friend
Сиддхартха не ответил своему другу
He already held the axe in his hands
Он уже держал топор в руках
and he began to make a raft of bamboo
и он начал делать плот из бамбука

Vasudeva helped him to tie the canes together with ropes of grass
Васудева помог ему связать трости веревками из травы.
When they crossed the river they drifted far off their course
Когда они пересекли реку, они сильно отклонились от курса.
they pulled the raft upriver on the opposite bank
они вытащили плот вверх по течению на противоположный берег
"Why did you take the axe along?" asked Siddhartha
«Зачем ты взял с собой топор?» — спросил Сиддхартха.
"It might have been possible that the oar of our boat got lost"
«Возможно, весло нашей лодки потерялось».
But Siddhartha knew what his friend was thinking
Но Сиддхартха знал, о чем думает его друг.
He thought, the boy would have thrown away the oar
Он подумал, что мальчик выбросил бы весло.
in order to get some kind of revenge
чтобы как-то отомстить
and in order to keep them from following him
и чтобы они не последовали за ним
And in fact, there was no oar left in the boat
И в самом деле, в лодке не осталось ни одного весла.
Vasudeva pointed to the bottom of the boat
Васудева указал на дно лодки
and he looked at his friend with a smile
и он посмотрел на своего друга с улыбкой
he smiled as if he wanted to say something
он улыбнулся, как будто хотел что-то сказать
"Don't you see what your son is trying to tell you?"
«Разве ты не понимаешь, что твой сын пытается тебе сказать?»
"Don't you see that he doesn't want to be followed?"
«Разве вы не видите, что он не хочет, чтобы за ним следили?»
But he did not say this in words

Но он не сказал этого словами.
He started making a new oar
Он начал делать новое весло.
But Siddhartha bid his farewell, to look for the run-away
Но Сиддхартха попрощался, чтобы поискать убежавшего
Vasudeva did not stop him from looking for his child
Васудева не помешал ему искать своего ребенка.

Siddhartha had been walking through the forest for a long time
Сиддхартха долго шел по лесу.
the thought occurred to him that his search was useless
ему пришла в голову мысль, что его поиски бесполезны
Either the boy was far ahead and had already reached the city
Либо мальчик был далеко впереди и уже достиг города
or he would conceal himself from him
или он спрятался бы от него
he continued thinking about his son
он продолжал думать о своем сыне
he found that he was not worried for his son
он обнаружил, что не беспокоится за своего сына
he knew deep inside that he had not perished
он знал глубоко внутри, что он не погиб
nor was he in any danger in the forest
и в лесу ему не грозила никакая опасность
Nevertheless, he ran without stopping
Тем не менее, он бежал не останавливаясь.
he was not running to save him
он не бежал, чтобы спасти его
he was running to satisfy his desire
он бежал, чтобы удовлетворить свое желание
he wanted to perhaps see him one more time
он хотел, возможно, увидеть его еще раз
And he ran up to just outside of the city
И он побежал прямо за город

When, near the city, he reached a wide road
Когда, близ города, он достиг широкой дороги
he stopped, by the entrance of the beautiful pleasure-garden
он остановился у входа в прекрасный сад для отдыха
the garden which used to belong to Kamala
сад, который раньше принадлежал Камале
the garden where he had seen her for the first time
сад, где он увидел ее в первый раз
when she was sitting in her sedan-chair
когда она сидела в своем портшезе
The past rose up in his soul
Прошлое восстало в его душе.
again, he saw himself standing there
снова он увидел себя стоящим там
a young, bearded, naked Samana
молодая, бородатая, голая самана
his hair hair was full of dust
его волосы были полны пыли
For a long time, Siddhartha stood there
Долгое время Сиддхартха стоял там.
he looked through the open gate into the garden
он посмотрел через открытую калитку в сад
he saw monks in yellow robes walking among the beautiful trees
он увидел монахов в желтых одеждах, гуляющих среди красивых деревьев
For a long time, he stood there, pondering
Долго он стоял там, размышляя.
he saw images and listened to the story of his life
он видел образы и слушал историю своей жизни
For a long time, he stood there looking at the monks
Долгое время он стоял там, глядя на монахов.
he saw young Siddhartha in their place
он увидел молодого Сиддхартху на их месте
he saw young Kamala walking among the high trees

он увидел молодую Камалу, идущую среди высоких деревьев

Clearly, he saw himself being served food and drink by Kamala

Он ясно видел, как Камала подает ему еду и питье.

he saw himself receiving his first kiss from her

он увидел, как она впервые поцеловала его

he saw himself looking proudly and disdainfully back on his life as a Brahman

он увидел себя с гордостью и презрением оглядывающимся на свою жизнь как брахмана

he saw himself beginning his worldly life, proudly and full of desire

он видел себя начинающим свою мирскую жизнь, гордым и полным желания

He saw Kamaswami, the servants, the orgies

Он увидел Камасвами, слуг, оргии

he saw the gamblers with the dice

он увидел игроков с костями

he saw Kamala's song-bird in the cage

он увидел певчую птицу Камалы в клетке

he lived through all this again

он пережил все это снова

he breathed Sansara and was once again old and tired

он вдохнул Сансару и снова стал старым и усталым

he felt the disgust and the wish to annihilate himself again

он снова почувствовал отвращение и желание уничтожить себя.

and he was healed again by the holy Om

и он был исцелен снова святым Омом

for a long time Siddhartha had stood by the gate

Сиддхартха долго стоял у ворот

he realised his desire was foolish

он понял, что его желание было глупым

he realized it was foolishness which had made him go up to this place

он понял, что это была глупость, которая заставила его
пойти в это место
he realized he could not help his son
он понял, что не может помочь своему сыну
and he realized that he was not allowed to cling to him
и он понял, что ему не позволено цепляться за него
he felt the love for the run-away deeply in his heart
он чувствовал любовь к беглянке глубоко в своем сердце
the love for his son felt like a wound
любовь к сыну ощущалась как рана
but this wound had not been given to him in order to turn the knife in it
но эта рана была нанесена ему не для того, чтобы в ней повернуть нож
the wound had to become a blossom
рана должна была стать цветком
and his wound had to shine
и его рана должна была блестеть
That this wound did not blossom or shine yet made him sad
Что эта рана не расцвела и не засияла, но все же огорчила его.
Instead of the desired goal, there was emptiness
Вместо желанной цели – пустота.
emptiness had drawn him here, and sadly he sat down
пустота привела его сюда, и он грустно сел
he felt something dying in his heart
он почувствовал, как что-то умирает в его сердце
he experienced emptiness and saw no joy any more
он испытал пустоту и больше не видел радости
there was no goal for which to aim for
не было цели, к которой можно было бы стремиться
He sat lost in thought and waited
Он сидел, погруженный в мысли, и ждал.
This he had learned by the river
Это он узнал у реки.
waiting, having patience, listening attentively

ждать, иметь терпение, внимательно слушать
And he sat and listened, in the dust of the road
И он сидел и слушал, в дорожной пыли
he listened to his heart, beating tiredly and sadly
он прислушался к своему сердцу, которое билось устало и грустно
and he waited for a voice
и он ждал голоса
Many an hour he crouched, listening
Много часов он сидел, присев,
he saw no images any more
он больше не видел никаких изображений
he fell into emptiness and let himself fall
он упал в пустоту и позволил себе упасть
he could see no path in front of him
он не видел перед собой пути
And when he felt the wound burning, he silently spoke the Om
И когда он почувствовал, как рана горит, он молча произнес «Ом».
he filled himself with Om
он наполнил себя Омом
The monks in the garden saw him
Монахи в саду увидели его
dust was gathering on his gray hair
На его седых волосах собиралась пыль
since he crouched for many hours, one of monks placed two bananas in front of him
так как он сидел на корточках много часов, один из монахов положил перед ним два банана
The old man did not see him
Старик его не видел.

From this petrified state, he was awoken by a hand touching his shoulder

Из этого оцепенения его вывело прикосновение руки к его плечу.
Instantly, he recognised this tender bashful touch
Он мгновенно узнал это нежное, застенчивое прикосновение.
Vasudeva had followed him and waited
Васудева последовал за ним и ждал
he regained his senses and rose to greet Vasudeva
он пришел в себя и поднялся, чтобы поприветствовать Васудеву.
he looked into Vasudeva's friendly face
он посмотрел в дружелюбное лицо Васудевы
he looked into the small wrinkles
он посмотрел на мелкие морщинки
his wrinkles were as if they were filled with nothing but his smile
его морщины были такими, как будто они были заполнены только его улыбкой
he looked into the happy eyes, and then he smiled too
он посмотрел в счастливые глаза, а затем тоже улыбнулся.
Now he saw the bananas lying in front of him
Теперь он увидел бананы, лежащие перед ним.
he picked the bananas up and gave one to the ferryman
он поднял бананы и отдал один паромщику
After eating the bananas, they silently went back into the forest
Съев бананы, они молча вернулись в лес.
they returned home to the ferry
они вернулись домой на паром
Neither one talked about what had happened that day
Ни один из них не говорил о том, что произошло в тот день.
neither one mentioned the boy's name
никто не упомянул имя мальчика
neither one spoke about him running away
никто не говорил о его побеге

neither one spoke about the wound
никто не говорил о ране
In the hut, Siddhartha lay down on his bed
В хижине Сиддхартха лег на свою кровать
after a while Vasudeva came to him
через некоторое время Васудева пришел к нему
he offered him a bowl of coconut-milk
он предложил ему миску кокосового молока
but he was already asleep
но он уже спал

Om

For a long time the wound continued to burn
Рана долгое время продолжала гореть.
Siddhartha had to ferry many travellers across the river
Сиддхартхе пришлось переправить через реку множество путников.
many of the travellers were accompanied by a son or a daughter
многих путешественников сопровождал сын или дочь
and he saw none of them without envying them
и он не видел ни одного из них, не завидуя им
he couldn't see them without thinking about his lost son
он не мог смотреть на них, не думая о своем потерянном сыне
"So many thousands possess the sweetest of good fortunes"
«Столько тысяч людей обладают самой сладкой удачей»
"why don't I also possess this good fortune?"
«Почему я тоже не обладаю этой удачей?»
"even thieves and robbers have children and love them"
«даже воры и грабители имеют детей и любят их»
"and they are being loved by their children"
«и их любят их дети»
"all are loved by their children except for me"
«Всех любят их дети, кроме меня»
he now thought like the childlike people, without reason
теперь он думал, как дети, без причины
he had become one of the childlike people
он стал одним из тех людей, которые ведут себя по-детски
he looked upon people differently than before
он смотрел на людей иначе, чем прежде
he was less smart and less proud of himself
он был менее умным и менее гордым собой
but instead, he was warmer and more curious
но вместо этого он был теплее и любопытнее

when he ferried travellers, he was more involved than before
когда он перевозил путешественников, он был более вовлечен, чем прежде
childlike people, businessmen, warriors, women
дети, бизнесмены, воины, женщины
these people did not seem alien to him, as they used to
эти люди не казались ему чуждыми, как раньше
he understood them and shared their life
он понимал их и разделял их жизнь
a life which was not guided by thoughts and insight
жизнь, которая не направлялась мыслями и пониманием
but a life guided solely by urges and wishes
но жизнь, направляемая исключительно побуждениями и желаниями
he felt like the the childlike people
он чувствовал себя как дети, люди
he was bearing his final wound
он переносил свою последнюю рану
he was nearing perfection
он был близок к совершенству
but the childlike people still seemed like his brothers
но дети-люди все еще казались ему братьями
their vanities, desires for possession were no longer ridiculous to him
их тщеславие, их желания обладания больше не были для него смешны.
they became understandable and lovable
они стали понятными и любимыми
they even became worthy of veneration to him
они даже стали достойными почитания его
The blind love of a mother for her child
Слепая любовь матери к своему ребенку
the stupid, blind pride of a conceited father for his only son
глупая, слепая гордость тщеславного отца за своего единственного сына

the blind, wild desire of a young, vain woman for jewellery
слепое, дикое желание молодой, тщеславной женщины обладать драгоценностями
her wish for admiring glances from men
ее желание восхищенных взглядов мужчин
all of these simple urges were not childish notions
все эти простые побуждения не были детскими представлениями
but they were immensely strong, living, and prevailing urges
но они были чрезвычайно сильными, живыми и преобладающими побуждениями
he saw people living for the sake of their urges
он видел людей, живущих ради своих потребностей
he saw people achieving rare things for their urges
он видел, как люди добивались редких вещей ради своих стремлений
travelling, conducting wars, suffering
путешествовать, вести войны, страдать
they bore an infinite amount of suffering
они перенесли бесконечное количество страданий
and he could love them for it, because he saw life
и он мог любить их за это, потому что он видел жизнь
that what is alive was in each of their passions
что то, что живо, было в каждой из их страстей
that what is is indestructible was in their urges, the Brahman
что то, что неразрушимо, было в их побуждениях, Брахман
these people were worthy of love and admiration
эти люди были достойны любви и восхищения
they deserved it for their blind loyalty and blind strength
Они заслужили это за свою слепую преданность и слепую силу.
there was nothing that they lacked
не было ничего, чего бы им не хватало

Siddhartha had nothing which would put him above the rest, except one thing
У Сиддхартхи не было ничего, что могло бы поставить его выше остальных, кроме одного
there still was a small thing he had which they didn't
у него все еще была маленькая вещь, которой у них не было
he had the conscious thought of the oneness of all life
у него была сознательная мысль о единстве всей жизни
but Siddhartha even doubted whether this knowledge should be valued so highly
но Сиддхартха даже сомневался, следует ли ценить это знание так высоко.
it might also be a childish idea of the thinking people
это также может быть детской идеей думающих людей
the worldly people were of equal rank to the wise men
мирские люди были равны по рангу мудрецам
animals too can in some moments seem to be superior to humans
Животные тоже могут в некоторые моменты казаться выше людей.
they are superior in their tough, unrelenting performance of what is necessary
они превосходны в своем жестком, неумолимом выполнении того, что необходимо
an idea slowly blossomed in Siddhartha
идея медленно расцвела в Сиддхартхе
and the idea slowly ripened in him
и эта идея медленно созрела в нем
he began to see what wisdom actually was
он начал видеть, что такое мудрость на самом деле
he saw what the goal of his long search was
он увидел, какова была цель его долгих поисков
his search was nothing but a readiness of the soul
его поиск был не чем иным, как готовностью души
a secret art to think every moment, while living his life

тайное искусство думать каждое мгновение, проживая свою жизнь
it was the thought of oneness
это была мысль о единстве
to be able to feel and inhale the oneness
чтобы иметь возможность чувствовать и вдыхать единство
Slowly this awareness blossomed in him
Постепенно это осознание расцвело в нем.
it was shining back at him from Vasudeva's old, childlike face
он светил ему в ответ со старого, детского лица Васудевы
harmony and knowledge of the eternal perfection of the world
гармония и познание вечного совершенства мира
smiling and to be part of the oneness
улыбаться и быть частью единства
But the wound still burned
Но рана все еще горела.
longingly and bitterly Siddhartha thought of his son
с тоской и горечью думал Сиддхартха о своем сыне
he nurtured his love and tenderness in his heart
он лелеял в своем сердце любовь и нежность
he allowed the pain to gnaw at him
он позволил боли терзать его
he committed all foolish acts of love
он совершил все глупые поступки любви
this flame would not go out by itself
это пламя не погаснет само по себе

one day the wound burned violently
однажды рана сильно горела
driven by a yearning, Siddhartha crossed the river
Движимый тоской, Сиддхартха пересек реку
he got off the boat and was willing to go to the city
он сошел с лодки и был готов пойти в город
he wanted to look for his son again

он хотел снова искать своего сына
The river flowed softly and quietly
Река текла тихо и спокойно.
it was the dry season, but its voice sounded strange
был сухой сезон, но его голос звучал странно
it was clear to hear that the river laughed
было ясно слышно, как река смеялась
it laughed brightly and clearly at the old ferryman
он ярко и отчетливо рассмеялся над старым паромщиком
he bent over the water, in order to hear even better
он наклонился над водой, чтобы еще лучше слышать
and he saw his face reflected in the quietly moving waters
и он увидел свое лицо, отражающееся в тихо движущихся водах
in this reflected face there was something
В этом отражённом лице было что-то
something which reminded him, but he had forgotten
что-то, что напомнило ему, но он забыл
as he thought about it, he found it
Когда он об этом подумал, он обнаружил, что
this face resembled another face which he used to know and love
это лицо напоминало другое лицо, которое он знал и любил
but he also used to fear this face
но он также боялся этого лица
It resembled his father's face, the Brahman
Он напоминал лицо его отца, брахмана.
he remembered how he had forced his father to let him go
он вспомнил, как заставил отца отпустить его
he remembered how he had bid his farewell to him
он вспомнил, как он прощался с ним
he remembered how he had gone and had never come back
он вспомнил, как он ушел и не вернулся
Had his father not also suffered the same pain for him?
Разве его отец не страдал из-за него так же?

was his father's pain not the pain Siddhartha is suffering now?
Разве боль его отца не была той болью, которую сейчас испытывает Сиддхартха?
Had his father not long since died?
Разве его отец не умер давно?
had he died without having seen his son again?
неужели он умер, так и не увидев своего сына снова?
Did he not have to expect the same fate for himself?
Разве он не должен был ожидать такой же участи для себя?
Was it not a comedy in a fateful circle?
Разве это не комедия в роковом круге?
The river laughed about all of this
Река смеялась над всем этим.
everything came back which had not been suffered
все вернулось, что не было выстрадано
everything came back which had not been solved
все вернулось, что не было решено
the same pain was suffered over and over again
одна и та же боль испытывалась снова и снова
Siddhartha went back into the boat
Сиддхартха вернулся в лодку
and he returned back to the hut
и он вернулся обратно в хижину
he was thinking of his father and of his son
он думал о своем отце и о своем сыне
he thought of having been laughed at by the river
он подумал о том, что над ним смеялись у реки
he was at odds with himself and tending towards despair
он был в разногласии с самим собой и был склонен к отчаянию
but he was also tempted to laugh
но он также испытывал искушение рассмеяться
he could laugh at himself and the entire world
он мог смеяться над собой и всем миром

Alas, the wound was not blossoming yet
Увы, рана еще не расцвела.
his heart was still fighting his fate
его сердце все еще боролось с его судьбой
cheerfulness and victory were not yet shining from his suffering
Радость и победа еще не сияли в его страданиях.
Nevertheless, he felt hope along with the despair
Тем не менее, он чувствовал надежду вместе с отчаянием.
once he returned to the hut he felt an undefeatable desire to open up to Vasudeva
как только он вернулся в хижину, он почувствовал непреодолимое желание открыться Васудеве
he wanted to show him everything
он хотел показать ему все
he wanted to say everything to the master of listening
он хотел все сказать мастеру слушания

Vasudeva was sitting in the hut, weaving a basket
Васудева сидел в хижине и плел корзину.
He no longer used the ferry-boat
Он больше не пользовался паромом.
his eyes were starting to get weak
его глаза начали слабеть
his arms and hands were getting weak as well
его руки и кисти тоже слабели
only the joy and cheerful benevolence of his face was unchanging
только радость и веселая доброжелательность его лица были неизменны.
Siddhartha sat down next to the old man
Сиддхартха сел рядом со стариком
slowly, he started talking about what they had never spoke about
медленно он начал говорить о том, о чем они никогда не говорили

he told him of his walk to the city
он рассказал ему о своей прогулке в город
he told at him of the burning wound
он рассказал ему о жгучей ране
he told him about the envy of seeing happy fathers
он рассказал ему о зависти, которую испытываешь, видя счастливых отцов
his knowledge of the foolishness of such wishes
его знание глупости таких желаний
his futile fight against his wishes
его тщетная борьба против своих желаний
he was able to say everything, even the most embarrassing parts
он мог сказать все, даже самые неловкие вещи
he told him everything he could tell him
он рассказал ему все, что мог рассказать
he showed him everything he could show him
он показал ему все, что мог показать
He presented his wound to him
Он представил ему свою рану
he also told him how he had fled today
он также рассказал ему, как он сбежал сегодня
he told him how he ferried across the water
он рассказал ему, как он переправился через воду
a childish run-away, willing to walk to the city
ребенок-беглец, готовый дойти до города пешком
and he told him how the river had laughed
и он рассказал ему, как река смеялась
he spoke for a long time
он говорил долго
Vasudeva was listening with a quiet face
Васудева слушал с тихим лицом.
Vasudeva's listening gave Siddhartha a stronger sensation than ever before
Слушание Васудевы вызвало у Сиддхартхи более сильные ощущения, чем когда-либо прежде.

he sensed how his pain and fears flowed over to him
он почувствовал, как его боль и страхи перешли к нему
he sensed how his secret hope flowed over him
он чувствовал, как его тайная надежда переполняла его
To show his wound to this listener was the same as bathing it in the river
Показать свою рану этому слушателю было то же самое, что вымыть ее в реке.
the river would have cooled Siddhartha's wound
река охладила бы рану Сиддхартхи
the quiet listening cooled Siddhartha's wound
тихое слушание охладило рану Сиддхартхи
it cooled him until he become one with the river
она охладила его, пока он не стал единым целым с рекой
While he was still speaking, still admitting and confessing
Пока он еще говорил, все еще признавал и исповедовал
Siddhartha felt more and more that this was no longer Vasudeva
Сиддхартха все больше и больше чувствовал, что это уже не Васудева.
it was no longer a human being who was listening to him
это был уже не человек, который его слушал
this motionless listener was absorbing his confession into himself
этот неподвижный слушатель впитывал в себя его признание
this motionless listener was like a tree the rain
этот неподвижный слушатель был подобен дереву под дождем
this motionless man was the river itself
этот неподвижный человек был самой рекой
this motionless man was God himself
этот неподвижный человек был сам Бог
the motionless man was the eternal itself
неподвижный человек был самим вечным
Siddhartha stopped thinking of himself and his wound

Сиддхартха перестал думать о себе и своей ране.
this realisation of Vasudeva's changed character took possession of him
это осознание изменившегося характера Васудевы овладело им
and the more he entered into it, the less wondrous it became
и чем больше он вникал в это, тем менее чудесным оно становилось.
the more he realised that everything was in order and natural
тем больше он понимал, что все в порядке и естественно
he realised that Vasudeva had already been like this for a long time
он понял, что Васудева уже долгое время находится в таком состоянии.
he had just not quite recognised it yet
он просто еще не совсем это осознал
yes, he himself had almost reached the same state
да, он сам почти достиг того же состояния
He felt, that he was now seeing old Vasudeva as the people see the gods
Он чувствовал, что теперь видит старого Васудеву так, как люди видят богов.
and he felt that this could not last
и он чувствовал, что так не может продолжаться
in his heart, he started bidding his farewell to Vasudeva
В своем сердце он начал прощаться с Васудевой.
Throughout all this, he talked incessantly
Во время всего этого он говорил беспрестанно.
When he had finished talking, Vasudeva turned his friendly eyes at him
Когда он закончил говорить, Васудева обратил на него свой дружелюбный взгляд.
the eyes which had grown slightly weak
глаза, которые стали немного слабыми

he said nothing, but let his silent love and cheerfulness shine
он ничего не сказал, но позволил своей молчаливой любви и жизнерадостности сиять
his understanding and knowledge shone from him
его понимание и знание сияли от него
He took Siddhartha's hand and led him to the seat by the bank
Он взял Сиддхартху за руку и повел его к скамье у берега.
he sat down with him and smiled at the river
он сел рядом с ним и улыбнулся реке
"You've heard it laugh," he said
«Вы слышали, как он смеется», — сказал он.
"But you haven't heard everything"
«Но вы не все услышали»
"Let's listen, you'll hear more"
«Давайте послушаем, вы услышите больше»
Softly sounded the river, singing in many voices
Тихо звучала река, поющая на многие голоса.
Siddhartha looked into the water
Сиддхартха посмотрел в воду
images appeared to him in the moving water
Образы явились ему в движущейся воде
his father appeared, lonely and mourning for his son
его отец появился, одинокий и скорбящий по своему сыну
he himself appeared in the moving water
он сам появился в движущейся воде
he was also being tied with the bondage of yearning to his distant son
он также был связан узами тоски по своему далекому сыну
his son appeared, lonely as well
его сын появился, тоже одинокий
the boy, greedily rushing along the burning course of his young wishes
мальчик, жадно мчащийся по пылающему руслу своих юных желаний

each one was heading for his goal
каждый шел к своей цели
each one was obsessed by the goal
каждый был одержим целью
each one was suffering from the pursuit
каждый из них страдал от преследования
The river sang with a voice of suffering
Река пела голосом страдания.
longingly it sang and flowed towards its goal
тоскливо он пел и тек к своей цели
"Do you hear?" Vasudeva asked with a mute gaze
«Ты слышишь?» — спросил Васудева с немым взглядом.
Siddhartha nodded in reply
Сиддхартха кивнул в ответ.
"Listen better!" Vasudeva whispered
«Слушай лучше!» — прошептал Васудева.
Siddhartha made an effort to listen better
Сиддхартха приложил усилия, чтобы лучше слушать
The image of his father appeared
Появился образ его отца.
his own image merged with his father's
его собственный образ слился с образом его отца
the image of his son merged with his image
образ его сына слился с его образом
Kamala's image also appeared and was dispersed
Изображение Камалы также появилось и было рассеяно.
and the image of Govinda, and other images
и образ Говинды, и другие образы
and all the imaged merged with each other
и все образы слились друг с другом
all the imaged turned into the river
все изображенное превратилось в реку
being the river, they all headed for the goal
будучи рекой, они все направились к цели
longing, desiring, suffering flowed together
тоска, желание, страдание слились воедино

and the river's voice sounded full of yearning
и голос реки звучал полным тоски
the river's voice was full of burning woe
голос реки был полон жгучего горя
the river's voice was full of unsatisfiable desire
голос реки был полон неутолимого желания
For the goal, the river was heading
К цели река направлялась
Siddhartha saw the river hurrying towards its goal
Сиддхартха увидел реку, спешащую к своей цели
the river of him and his loved ones and of all people he had ever seen
река его и его близких и всех людей, которых он когда-либо видел
all of these waves and waters were hurrying
все эти волны и воды спешили
they were all suffering towards many goals
они все страдали ради многих целей
the waterfall, the lake, the rapids, the sea
водопад, озеро, пороги, море
and all goals were reached
и все цели были достигнуты
and every goal was followed by a new one
и за каждым голом следовал новый
and the water turned into vapour and rose to the sky
и вода превратилась в пар и поднялась к небу
the water turned into rain and poured down from the sky
вода превратилась в дождь и полилась с неба
the water turned into a source
вода превратилась в источник
then the source turned into a stream
затем источник превратился в ручей
the stream turned into a river
ручей превратился в реку
and the river headed forwards again
и река снова двинулась вперед

But the longing voice had changed
Но тоскующий голос изменился
It still resounded, full of suffering, searching
Он все еще звучал, полный страдания, поиска
but other voices joined the river
но другие голоса присоединились к реке
there were voices of joy and of suffering
были голоса радости и страдания
good and bad voices, laughing and sad ones
хорошие и плохие голоса, смеющиеся и грустные
a hundred voices, a thousand voices
сто голосов, тысяча голосов
Siddhartha listened to all these voices
Сиддхартха прислушался ко всем этим голосам
He was now nothing but a listener
Теперь он был всего лишь слушателем.
he was completely concentrated on listening
он был полностью сосредоточен на слушании
he was completely empty now
он был теперь совершенно пуст
he felt that he had now finished learning to listen
он чувствовал, что теперь он закончил учиться слушать
Often before, he had heard all this
Часто раньше он слышал все это
he had heard these many voices in the river
он слышал столько голосов в реке
today the voices in the river sounded new
сегодня голоса в реке звучали по-новому
Already, he could no longer tell the many voices apart
Он уже не мог больше различать голоса.
there was no difference between the happy voices and the weeping ones
не было никакой разницы между радостными голосами и плачущими.
the voices of children and the voices of men were one
голоса детей и голоса мужчин были едины

all these voices belonged together
все эти голоса принадлежали одному
the lamentation of yearning and the laughter of the knowledgeable one
плач тоски и смех знающего
the scream of rage and the moaning of the dying ones
крик ярости и стоны умирающих
everything was one and everything was intertwined
все было единым и все было переплетено
everything was connected and entangled a thousand times
все было связано и переплетено тысячу раз
everything together, all voices, all goals
все вместе, все голоса, все цели
all yearning, all suffering, all pleasure
все томления, все страдания, все удовольствия
all that was good and evil
все, что было хорошего и плохого
all of this together was the world
все это вместе было миром
All of it together was the flow of events
Все это вместе было потоком событий.
all of it was the music of life
все это было музыкой жизни
when Siddhartha was listening attentively to this river
когда Сиддхартха внимательно слушал эту реку
the song of a thousand voices
песня тысячи голосов
when he neither listened to the suffering nor the laughter
когда он не слушал ни страданий, ни смеха
when he did not tie his soul to any particular voice
когда он не привязывал свою душу к какому-либо конкретному голосу
when he submerged his self into the river
когда он погрузился в реку
but when he heard them all he perceived the whole, the oneness

но когда он услышал их все, он ощутил целое, единство
then the great song of the thousand voices consisted of a single word
тогда великая песня тысячи голосов состояла из одного слова
this word was Om; the perfection
это слово было Ом; совершенство

"Do you hear" Vasudeva's gaze asked again
«Слышишь?» — снова спросил взгляд Васудевы.
Brightly, Vasudeva's smile was shining
Ярко сияла улыбка Васудевы.
it was floating radiantly over all the wrinkles of his old face
он лучезарно плыл по всем морщинам его старого лица
the same way the Om was floating in the air over all the voices of the river
так же, как Ом плыл в воздухе над всеми голосами реки
Brightly his smile was shining, when he looked at his friend
Ярко сияла его улыбка, когда он смотрел на своего друга.
and brightly the same smile was now starting to shine on Siddhartha's face
и та же самая улыбка теперь ярко засияла на лице Сиддхартхи.
His wound had blossomed and his suffering was shining
Его рана расцвела, и его страдание сияло.
his self had flown into the oneness
его «я» полетело в единство
In this hour, Siddhartha stopped fighting his fate
В этот час Сиддхартха перестал бороться со своей судьбой.
at the same time he stopped suffering
в то же время он перестал страдать
On his face flourished the cheerfulness of a knowledge
На его лице цвела жизнерадостность знания.
a knowledge which was no longer opposed by any will
знание, которому больше не противостояла никакая воля
a knowledge which knows perfection

знание, которое знает совершенство
a knowledge which is in agreement with the flow of events
знание, которое находится в согласии с потоком событий
a knowledge which is with the current of life
знание, которое находится в русле течения жизни
full of sympathy for the pain of others
полный сочувствия к боли других
full of sympathy for the pleasure of others
полный сочувствия к удовольствию других
devoted to the flow, belonging to the oneness
преданный потоку, принадлежащий единству
Vasudeva rose from the seat by the bank
Васудева поднялся со своего места у берега
he looked into Siddhartha's eyes
он посмотрел в глаза Сиддхартхи
and he saw the cheerfulness of the knowledge shining in his eyes
и он увидел радость знания, сияющую в его глазах
he softly touched his shoulder with his hand
он мягко коснулся его плеча рукой
"I've been waiting for this hour, my dear"
«Я ждал этого часа, моя дорогая»
"Now that it has come, let me leave"
«Теперь, когда это произошло, позвольте мне уйти»
"For a long time, I've been waiting for this hour"
«Я долго ждал этого часа»
"for a long time, I've been Vasudeva the ferryman"
«Долгое время я был Васудевой-паромщиком»
"Now it's enough. Farewell"
«Теперь хватит. Прощай».
"farewell river, farewell Siddhartha!"
«Прощай, река, прощай, Сиддхартха!»
Siddhartha made a deep bow before him who bid his farewell
Сиддхартха низко поклонился тому, кто прощался с ним.
"I've known it," he said quietly

«Я это знал», — тихо сказал он.
"You'll go into the forests?"
«Ты пойдешь в лес?»
"I'm going into the forests"
«Я иду в лес»
"I'm going into the oneness" spoke Vasudeva with a bright smile
«Я иду в единство», — сказал Васудева с яркой улыбкой.
With a bright smile, he left
С яркой улыбкой он ушел.
Siddhartha watched him leaving
Сиддхартха смотрел, как он уходит.
With deep joy, with deep solemnity he watched him leave
С глубокой радостью, с глубокой торжественностью он смотрел, как тот уходит.
he saw his steps were full of peace
он увидел, что его шаги были полны мира
he saw his head was full of lustre
он увидел, что его голова полна блеска
he saw his body was full of light
он увидел, что его тело было полно света

Govinda
Говинда

Govinda had been with the monks for a long time
Говинда долгое время был с монахами.
when not on pilgrimages, he spent his time in the pleasure-garden
когда он не совершал паломничества, он проводил время в саду удовольствий
the garden which the courtesan Kamala had given the followers of Gotama
сад, который куртизанка Камала подарила последователям Готамы
he heard talk of an old ferryman, who lived a day's journey away
он услышал рассказ о старом паромщике, который жил в дне пути отсюда
he heard many regarded him as a wise man
он слышал, что многие считали его мудрым человеком
When Govinda went back, he chose the path to the ferry
Когда Говинда вернулся, он выбрал путь к паромной переправе.
he was eager to see the ferryman
он жаждал увидеть паромщика
he had lived his entire life by the rules
он прожил всю свою жизнь по правилам
he was looked upon with veneration by the younger monks
Молодые монахи смотрели на него с почтением.
they respected his age and modesty
они уважали его возраст и скромность
but his restlessness had not perished from his heart
но беспокойство его не исчезло из его сердца
he was searching for what he had not found
он искал то, чего не нашел
He came to the river and asked the old man to ferry him over
Он пришел к реке и попросил старика переправить его.

when they got off the boat on the other side, he spoke with the old man
когда они сошли с лодки на другой стороне, он заговорил со стариком

"You're very good to us monks and pilgrims"
«Вы очень добры к нам, монахам и паломникам»
"you have ferried many of us across the river"
«ты переправил многих из нас через реку»
"Aren't you too, ferryman, a searcher for the right path?"
«Не ты ли, паромщик, тоже ищешь верный путь?»
smiling from his old eyes, Siddhartha spoke
Сиддхартха, улыбаясь своими старыми глазами, говорил:
"oh venerable one, do you call yourself a searcher?"
«О, достопочтенный, ты называешь себя искателем?»
"are you still a searcher, although already well in years?"
«Вы все еще искатель, хотя уже в преклонном возрасте?»
"do you search while wearing the robe of Gotama's monks?"
«Вы ищете, надевая одежду монахов Готамы?»
"It's true, I'm old," spoke Govinda
«Это правда, я стар», — сказал Говинда.
"but I haven't stopped searching"
«но я не прекратил поиски»
"I will never stop searching"
«Я никогда не перестану искать»
"this seems to be my destiny"
«Кажется, это моя судьба»
"You too, so it seems to me, have been searching"
«Вы тоже, как мне кажется, искали»
"Would you like to tell me something, oh honourable one?"
«Хочешь ли ты мне что-нибудь сказать, о достопочтенный?»
"What might I have that I could tell you, oh venerable one?"
«Что я мог бы тебе рассказать, о достопочтенный?»
"Perhaps I could tell you that you're searching far too much?"

«Может быть, я могу сказать вам, что вы слишком много ищете?»
"Could I tell you that you don't make time for finding?"
«Могу ли я сказать вам, что вы не тратите время на поиски?»
"How come?" asked Govinda
«Как так?» — спросил Говинда.
"When someone is searching they might only see what they search for"
«Когда кто-то что-то ищет, он может увидеть только то, что ищет»
"he might not be able to let anything else enter his mind"
«Он, возможно, не сможет позволить чему-либо другому войти ему в голову»
"he doesn't see what he is not searching for"
«он не видит того, чего не ищет»
"because he always thinks of nothing but the object of his search"
«потому что он всегда думает только об объекте своего поиска»
"he has a goal, which he is obsessed with"
«у него есть цель, которой он одержим»
"Searching means having a goal"
«Искать — значит иметь цель»
"But finding means being free, open, and having no goal"
«Но найти — значит быть свободным, открытым и не иметь цели»
"You, oh venerable one, are perhaps indeed a searcher"
«Ты, о достопочтенный, быть может, действительно искатель»
"because, when striving for your goal, there are many things you don't see"
«потому что, стремясь к своей цели, ты многого не видишь»
"you might not see things which are directly in front of your eyes"

«Вы можете не видеть вещи, которые находятся прямо перед вашими глазами»
"I don't quite understand yet," said Govinda, "what do you mean by this?"
«Я пока не совсем понимаю, — сказал Говинда, — что ты имеешь в виду?»
"oh venerable one, you've been at this river before, a long time ago"
«О, достопочтенный, ты уже был на этой реке, давным-давно»
"and you have found a sleeping man by the river"
«и вы нашли спящего человека у реки»
"you have sat down with him to guard his sleep"
«Ты сел с ним, чтобы охранять его сон»
"but, oh Govinda, you did not recognise the sleeping man"
«но, о Говинда, ты не узнал спящего человека»
Govinda was astonished, as if he had been the object of a magic spell
Говинда был поражен, как будто на него наложили магическое заклинание.
the monk looked into the ferryman's eyes
монах посмотрел в глаза паромщика
"Are you Siddhartha?" he asked with a timid voice
«Ты Сиддхартха?» — спросил он робким голосом.
"I wouldn't have recognised you this time either!"
«Я бы и на этот раз тебя не узнал!»
"from my heart, I'm greeting you, Siddhartha"
«От всего сердца приветствую тебя, Сиддхартха»
"from my heart, I'm happy to see you once again!"
«От всего сердца, я рад снова вас видеть!»
"You've changed a lot, my friend"
«Ты очень изменился, мой друг»
"and you've now become a ferryman?"
«И теперь ты стал паромщиком?»
In a friendly manner, Siddhartha laughed
Сиддхартха дружелюбно рассмеялся.

"yes, I am a ferryman"
«да, я паромщик»
"Many people, Govinda, have to change a lot"
«Многим людям, Говинда, придется сильно измениться»
"they have to wear many robes"
«им приходится носить много одежд»
"I am one of those who had to change a lot"
«Я один из тех, кому пришлось многое изменить»
"Be welcome, Govinda, and spend the night in my hut"
«Добро пожаловать, Говинда, переночуй в моей хижине».
Govinda stayed the night in the hut
Говинда остался ночевать в хижине
he slept on the bed which used to be Vasudeva's bed
он спал на кровати, которая раньше была кроватью Васудевы
he posed many questions to the friend of his youth
он задал много вопросов другу своей юности
Siddhartha had to tell him many things from his life
Сиддхартхе пришлось рассказать ему многое из своей жизни.

then the next morning came
затем наступило следующее утро
the time had come to start the day's journey
пришло время начать дневное путешествие
without hesitation, Govinda asked one more question
не колеблясь, Говинда задал еще один вопрос
"Before I continue on my path, Siddhartha, permit me to ask one more question"
«Прежде чем я продолжу свой путь, Сиддхартха, позволь мне задать еще один вопрос»
"Do you have a teaching that guides you?"
«Есть ли у вас учение, которое вас направляет?»
"Do you have a faith or a knowledge you follow"
«Есть ли у вас вера или знание, которым вы следуете?»
"is there a knowledge which helps you to live and do right?"

«Есть ли знание, которое помогает вам жить и поступать правильно?»
"You know well, my dear, I have always been distrustful of teachers"
«Ты же знаешь, дорогая, я всегда с недоверием относился к учителям».
"as a young man I already started to doubt teachers"
«еще в молодости я начал сомневаться в учителях»
"when we lived with the penitents in the forest, I distrusted their teachings"
«Когда мы жили с кающимися грешниками в лесу, я не доверял их учениям»
"and I turned my back to them"
"и я повернулся к ним спиной"
"I have remained distrustful of teachers"
«Я по-прежнему с недоверием отношусь к учителям»
"Nevertheless, I have had many teachers since then"
«Тем не менее, с тех пор у меня было много учителей»
"A beautiful courtesan has been my teacher for a long time"
«Прекрасная куртизанка долгое время была моим учителем»
"a rich merchant was my teacher"
«Богатый купец был моим учителем»
"and some gamblers with dice taught me"
"и некоторые игроки в кости научили меня"
"Once, even a follower of Buddha has been my teacher"
«Однажды моим учителем был даже последователь Будды»
"he was travelling on foot, pilgering"
«Он путешествовал пешком, совершая паломничества»
"and he sat with me when I had fallen asleep in the forest"
«И он сидел со мной, когда я заснул в лесу»
"I've also learned from him, for which I'm very grateful"
«Я тоже многому у него научился, за что я ему очень благодарен»
"But most of all, I have learned from this river"

«Но больше всего я узнал от этой реки»
"and I have learned most from my predecessor, the ferryman Vasudeva"
«и больше всего я узнал от своего предшественника, паромщика Васудевы»
"He was a very simple person, Vasudeva, he was no thinker"
«Он был очень простым человеком, Васудева, он не был мыслителем».
"but he knew what is necessary just as well as Gotama"
«но он знал, что необходимо, так же хорошо, как и Готама»
"he was a perfect man, a saint"
«он был совершенным человеком, святым»
"Siddhartha still loves to mock people, it seems to me"
«Мне кажется, Сиддхартха все еще любит издеваться над людьми»
"I believe in you and I know that you haven't followed a teacher"
«Я верю в тебя и знаю, что ты не следовал за учителем»
"But haven't you found something by yourself?"
«Но разве ты сам ничего не нашел?»
"though you've found no teachings, you still found certain thoughts"
«хотя ты не нашел никаких учений, ты все же нашел определенные мысли»
"certain insights, which are your own"
"определенные идеи, которые являются вашими собственными"
"insights which help you to live"
«идеи, которые помогают вам жить»
"Haven't you found something like this?"
«Разве вы не нашли что-то подобное?»
"If you would like to tell me, you would delight my heart"
«Если бы ты мне рассказал, ты бы обрадовал мое сердце»
"you are right, I have had thoughts and gained many insights"

«Вы правы, у меня были мысли и я получил много идей»
"Sometimes I have felt knowledge in me for an hour"
«Иногда я чувствовал внутри себя знания в течение часа»
"at other times I have felt knowledge in me for an entire day"
«иногда я чувствовал в себе знание в течение целого дня»
"the same knowledge one feels when one feels life in one's heart"
«то же самое знание, которое чувствуешь, когда чувствуешь жизнь в своем сердце»
"There have been many thoughts"
«Было много мыслей»
"but it would be hard for me to convey these thoughts to you"
«но мне было бы трудно передать вам эти мысли»
"my dear Govinda, this is one of my thoughts which I have found"
«мой дорогой Говинда, это одна из моих мыслей, которую я нашел»
"wisdom cannot be passed on"
«мудрость не передается»
"Wisdom which a wise man tries to pass on always sounds like foolishness"
«Мудрость, которую пытается передать мудрец, всегда звучит как глупость»
"Are you kidding?" asked Govinda
«Ты шутишь?» — спросил Говинда.
"I'm not kidding, I'm telling you what I have found"
«Я не шучу, я рассказываю вам то, что я обнаружил»
"Knowledge can be conveyed, but wisdom can't"
«Знания можно передать, а мудрость — нет»
"wisdom can be found, it can be lived"
«мудрость можно найти, ею можно жить»
"it is possible to be carried by wisdom"
«можно быть ведомым мудростью»
"miracles can be performed with wisdom"

«чудеса можно творить с мудростью»
"but wisdom cannot be expressed in words or taught"
«но мудрость невозможно выразить словами или научить»
"This was what I sometimes suspected, even as a young man"
«Это то, что я иногда подозревал, даже будучи молодым человеком»
"this is what has driven me away from the teachers"
«Это то, что оттолкнуло меня от учителей»
"I have found a thought which you'll regard as foolishness"
«Я нашел мысль, которую вы сочтете глупостью»
"but this thought has been my best"
«но эта мысль была моей лучшей»
"The opposite of every truth is just as true!"
«Противоположность каждой истины — такая же истина!»
"any truth can only be expressed when it is one-sided"
«любая истина может быть выражена только тогда, когда она односторонняя»
"only one sided things can be put into words"
«только односторонние вещи можно выразить словами»
"Everything which can be thought is one-sided"
«Все, что можно помыслить, односторонне»
"it's all one-sided, so it's just one half"
«это все односторонне, так что это только одна половина»
"it all lacks completeness, roundness, and oneness"
«во всем этом нет полноты, округлости и единства»
"the exalted Gotama spoke in his teachings of the world"
«Возвышенный Готама говорил в своих учениях о мире»
"but he had to divide the world into Sansara and Nirvana"
"но ему пришлось разделить мир на Сансару и Нирвану"
"he had divided the world into deception and truth"
«он разделил мир на обман и правду»
"he had divided the world into suffering and salvation"
«он разделил мир на страдание и спасение»
"the world cannot be explained any other way"
«мир нельзя объяснить по-другому»

"there is no other way to explain it, for those who want to teach"
«нет другого способа объяснить это тем, кто хочет преподавать»
"But the world itself is never one-sided"
«Но мир сам по себе никогда не бывает односторонним»
"the world exists around us and inside of us"
«мир существует вокруг нас и внутри нас»
"A person or an act is never entirely Sansara or entirely Nirvana"
«Человек или действие никогда не являются полностью Сансарой или полностью Нирваной»
"a person is never entirely holy or entirely sinful"
«человек никогда не бывает полностью святым или полностью грешен»
"It seems like the world can be divided into these opposites"
«Кажется, мир можно разделить на эти противоположности»
"but that's because we are subject to deception"
«но это потому, что мы подвержены обману»
"it's as if the deception was something real"
«как будто обман был чем-то реальным»
"Time is not real, Govinda"
«Время не реально, Говинда»
"I have experienced this often and often again"
«Я сталкивался с этим часто и снова»
"when time is not real, the gap between the world and the eternity is also a deception"
«когда время не реально, разрыв между миром и вечностью также является обманом»
"the gap between suffering and blissfulness is not real"
«разрыв между страданием и блаженством нереален»
"there is no gap between evil and good"
«нет разрыва между злом и добром»
"all of these gaps are deceptions"
«Все эти пробелы — обман»

"but these gaps appear to us nonetheless"
"но эти пробелы нам все равно кажутся"
"How come?" asked Govinda timidly
«Как же так?» — робко спросил Говинда.
"Listen well, my dear," answered Siddhartha
«Слушай внимательно, моя дорогая», — ответил Сиддхартха.
"The sinner, which I am and which you are, is a sinner"
«Грешник, которым являюсь я и которым являешься ты, есть грешник».
"but in times to come the sinner will be Brahma again"
«но в грядущие времена грешник снова станет Брахмой»
"he will reach the Nirvana and be Buddha"
«он достигнет Нирваны и станет Буддой»
"the times to come are a deception"
«грядущие времена — обман»
"the times to come are only a parable!"
«Грядущие времена — всего лишь притча!»
"The sinner is not on his way to become a Buddha"
«Грешник не на пути к тому, чтобы стать Буддой»
"he is not in the process of developing"
"он не находится в процессе разработки"
"our capacity for thinking does not know how else to picture these things"
«наша способность мыслить не знает, как еще представить себе эти вещи»
"No, within the sinner there already is the future Buddha"
«Нет, внутри грешника уже есть будущий Будда»
"his future is already all there"
«Его будущее уже полностью предопределено»
"you have to worship the Buddha in the sinner"
«В грешнике нужно поклоняться Будде»
"you have to worship the Buddha hidden in everyone"
«Вы должны поклоняться Будде, скрытому в каждом»
"the hidden Buddha which is coming into being the possible"

«скрытый Будда, который становится возможным»
"The world, my friend Govinda, is not imperfect"
«Мир, мой друг Говинда, несовершенен»
"the world is on no slow path towards perfection"
«мир неуклонно движется к совершенству»
"no, the world is perfect in every moment"
«нет, мир совершенен в каждое мгновение»
"all sin already carries the divine forgiveness in itself"
«всякий грех уже несет в себе божественное прощение»
"all small children already have the old person in themselves"
«Все маленькие дети уже имеют в себе старика»
"all infants already have death in them"
«Все младенцы уже несут в себе смерть»
"all dying people have the eternal life"
«Все умирающие имеют вечную жизнь»
"we can't see how far another one has already progressed on his path"
«мы не можем видеть, насколько далеко другой уже продвинулся на своем пути»
"in the robber and dice-gambler, the Buddha is waiting"
«В грабителе и игроке в кости ждет Будда»
"in the Brahman, the robber is waiting"
«В Брахмане поджидает грабитель»
"in deep meditation, there is the possibility to put time out of existence"
«В глубокой медитации есть возможность сделать время несуществующим»
"there is the possibility to see all life simultaneously"
«есть возможность увидеть всю жизнь одновременно»
"it is possible to see all life which was, is, and will be"
«можно увидеть всю жизнь, которая была, есть и будет»
"and there everything is good, perfect, and Brahman"
"и там все хорошо, прекрасно и Брахман"
"Therefore, I see whatever exists as good"
«Поэтому я считаю все существующее благом».

"death is to me like life"
«смерть для меня как жизнь»
"to me sin is like holiness"
«Для меня грех подобен святости»
"wisdom can be like foolishness"
«мудрость может быть подобна глупости»
"everything has to be as it is"
«все должно быть так, как есть»
"everything only requires my consent and willingness"
«все требует только моего согласия и желания»
"all that my view requires is my loving agreement to be good for me"
«Все, что требуется моему взгляду, — это мое любящее согласие быть хорошим для меня»
"my view has to do nothing but work for my benefit"
«Мой взгляд должен работать только на мою пользу»
"and then my perception is unable to ever harm me"
«и тогда мое восприятие не сможет мне навредить»
"I have experienced that I needed sin very much"
«Я испытал, что мне очень нужен грех»
"I have experienced this in my body and in my soul"
«Я испытал это в своем теле и в своей душе»
"I needed lust, the desire for possessions, and vanity"
«Мне нужна была похоть, жажда обладания и тщеславие»
"and I needed the most shameful despair"
«и мне нужно было самое постыдное отчаяние»
"in order to learn how to give up all resistance"
«чтобы научиться отказываться от всякого сопротивления»
"in order to learn how to love the world"
«чтобы научиться любить мир»
"in order to stop comparing things to some world I wished for"
«чтобы перестать сравнивать вещи с каким-то миром, который я желал»
"I imagined some kind of perfection I had made up"

«Я представлял себе некое совершенство, которое я придумал»
"but I have learned to leave the world as it is"
«но я научился оставлять мир таким, какой он есть»
"I have learned to love the world as it is"
«Я научился любить мир таким, какой он есть»
"and I learned to enjoy being a part of it"
«и я научился получать удовольствие от того, что являюсь частью этого»
"These, oh Govinda, are some of the thoughts which have come into my mind"
«Вот, о Говинда, некоторые мысли, которые пришли мне в голову».

Siddhartha bent down and picked up a stone from the ground
Сиддхартха наклонился и поднял с земли камень.
he weighed the stone in his hand
он взвесил камень в своей руке
"This here," he said playing with the rock, "is a stone"
«Вот это», — сказал он, играя с камнем, — «это камень».
"this stone will, after a certain time, perhaps turn into soil"
«Этот камень, возможно, через некоторое время превратится в почву»
"it will turn from soil into a plant or animal or human being"
«из почвы он превратится в растение, животное или человека»
"In the past, I would have said this stone is just a stone"
«Раньше я бы сказал, что этот камень — просто камень»
"I might have said it is worthless"
«Я мог бы сказать, что это бесполезно»
"I would have told you this stone belongs to the world of the Maya"
«Я бы сказал вам, что этот камень принадлежит миру майя»
"but I wouldn't have seen that it has importance"

"но я бы не увидел, что это имеет значение"
"it might be able to become a spirit in the cycle of transformations"
«он может стать духом в цикле преобразований»
"therefore I also grant it importance"
«поэтому я также придаю этому значение»
"Thus, I would perhaps have thought in the past"
«Так я, возможно, думал бы в прошлом»
"But today I think differently about the stone"
«Но сегодня я думаю о камне по-другому»
"this stone is a stone, and it is also animal, god, and Buddha"
«этот камень — камень, а также животное, бог и Будда»
"I do not venerate and love it because it could turn into this or that"
«Я не почитаю и не люблю его, потому что он может превратиться в то или это»
"I love it because it is those things"
«Я люблю это, потому что это именно те вещи»
"this stone is already everything"
«этот камень уже всё»
"it appears to me now and today as a stone"
«Сейчас и сегодня мне кажется, что это камень»
"that is why I love this"
«Вот почему я это люблю»
"that is why I see worth and purpose in each of its veins and cavities"
«Вот почему я вижу ценность и цель в каждой из его вен и полостей»
"I see value in its yellow, gray, and hardness"
«Я вижу ценность в его желтом цвете, сером цвете и твердости»
"I appreciated the sound it makes when I knock at it"
«Мне понравился звук, который он издает, когда я стучу по нему»
"I love the dryness or wetness of its surface"
«Мне нравится сухость или влажность его поверхности»

"There are stones which feel like oil or soap"
«Есть камни, которые на ощупь как масло или мыло»
"and other stones feel like leaves or sand"
«а другие камни на ощупь как листья или песок»
"and every stone is special and prays the Om in its own way"
«и каждый камень особенный и по-своему молится «Ом»»
"each stone is Brahman"
«каждый камень — Брахман»
"but simultaneously, and just as much, it is a stone"
«но одновременно и в той же степени это камень»
"it is a stone regardless of whether it's oily or juicy"
«это камень, независимо от того, жирный он или сочный»
"and this why I like and regard this stone"
"И вот почему я люблю и ценю этот камень"
"it is wonderful and worthy of worship"
«это прекрасно и достойно поклонения»
"But let me speak no more of this"
«Но позвольте мне больше не говорить об этом».
"words are not good for transmitting the secret meaning"
«слова не годятся для передачи тайного смысла»
"everything always becomes a bit different, as soon as it is put into words"
«все всегда становится немного другим, как только это облечено в слова»
"everything gets distorted a little by words"
«все немного искажается словами»
"and then the explanation becomes a bit silly"
"и тогда объяснение становится немного глупым"
"yes, and this is also very good, and I like it a lot"
«да, и это тоже очень хорошо, и мне очень нравится»
"I also very much agree with this"
«Я тоже полностью согласен с этим»
"one man's treasure and wisdom always sounds like foolishness to another person"
«Сокровище и мудрость одного человека всегда кажутся глупостью другому»

Govinda listened silently to what Siddhartha was saying
Говинда молча слушал то, что говорил Сиддхартха.
there was a pause and Govinda hesitantly asked a question
возникла пауза, и Говинда нерешительно задал вопрос
"Why have you told me this about the stone?"
«Зачем ты мне рассказал это о камне?»
"I did it without any specific intention"
«Я сделал это без какого-либо определенного намерения»
"perhaps what I meant was, that I love this stone and the river"
«возможно, я имел в виду, что люблю этот камень и реку»
"and I love all these things we are looking at"
«и мне нравятся все эти вещи, на которые мы смотрим»
"and we can learn from all these things"
«и мы можем извлечь уроки из всего этого»
"I can love a stone, Govinda"
«Я могу полюбить камень, Говинда»
"and I can also love a tree or a piece of bark"
«а еще я могу любить дерево или кусок коры»
"These are things, and things can be loved"
«Это вещи, а вещи можно любить»
"but I cannot love words"
"но я не могу любить слова"
"therefore, teachings are no good for me"
«поэтому учения мне не приносят пользы»
"teachings have no hardness, softness, colours, edges, smell, or taste"
«Учения не имеют твердости, мягкости, цвета, краев, запаха или вкуса»
"teachings have nothing but words"
«Учения не имеют ничего, кроме слов»
"perhaps it is words which keep you from finding peace"
«возможно, именно слова мешают тебе обрести покой»
"because salvation and virtue are mere words"
«потому что спасение и добродетель — это всего лишь слова»

"Sansara and Nirvana are also just mere words, Govinda"
«Сансара и нирвана — это тоже всего лишь слова, Говинда»
"there is no thing which would be Nirvana"
«нет ничего, что было бы Нирваной»
"therefore Nirvana is just the word"
" поэтому Нирвана - это просто слово"
Govinda objected, "Nirvana is not just a word, my friend"
Говинда возразил: «Нирвана — это не просто слово, мой друг».
"Nirvana is a word, but also it is a thought"
«Нирвана — это слово, но это также и мысль»
Siddhartha continued, "it might be a thought"
Сиддхартха продолжил: «Это может быть мыслью».
"I must confess, I don't differentiate much between thoughts and words"
«Должен признаться, я не особо различаю мысли и слова»
"to be honest, I also have no high opinion of thoughts"
«честно говоря, я тоже не высокого мнения о мыслях»
"I have a better opinion of things than thoughts"
«У меня лучшее мнение о вещах, чем о мыслях»
"Here on this ferry-boat, for instance, a man has been my predecessor"
«Вот на этом пароме, например, моим предшественником был человек»
"he was also one of my teachers"
«он также был одним из моих учителей»
"a holy man, who has for many years simply believed in the river"
«святой человек, который много лет просто верил в реку»
"and he believed in nothing else"
«и он не верил ни во что другое»
"He had noticed that the river spoke to him"
«Он заметил, что река разговаривает с ним»
"he learned from the river"
«он узнал от реки»

"the river educated and taught him"
«река воспитала и научила его»
"the river seemed to be a god to him"
«река казалась ему богом»
"for many years he did not know that everything was as divine as the river"
«многие годы он не знал, что все так же божественно, как река»
"the wind, every cloud, every bird, every beetle"
«ветер, каждое облако, каждая птица, каждый жук»
"they can teach just as much as the river"
«Они могут научить так же, как и река»
"But when this holy man went into the forests, he knew everything"
«Но когда этот святой человек отправился в лес, он все узнал».
"he knew more than you and me, without teachers or books"
«Он знал больше, чем ты и я, без учителей и книг»
"he knew more than us only because he had believed in the river"
«он знал больше нас только потому, что верил в реку»

Govinda still had doubts and questions
У Говинды все еще были сомнения и вопросы.
"But is that what you call things actually something real?"
«Но разве то, что вы называете вещами, на самом деле является чем-то реальным?»
"do these things have existence?"
«существуют ли эти вещи?»
"Isn't it just a deception of the Maya"
«Разве это не просто обман майя»
"aren't all these things an image and illusion?"
«Разве все эти вещи не являются образом и иллюзией?»
"Your stone, your tree, your river"
«Твой камень, твое дерево, твоя река»
"are they actually a reality?"

«действительно ли они реальны?»
"This too," spoke Siddhartha, "I do not care very much about"
«Это тоже», — сказал Сиддхартха, — «меня не очень-то волнует».
"Let the things be illusions or not"
«Пусть вещи будут иллюзиями или нет»
"after all, I would then also be an illusion"
«В конце концов, я тогда тоже был бы иллюзией»
"and if these things are illusions then they are like me"
«И если эти вещи иллюзии, то они похожи на меня»
"This is what makes them so dear and worthy of veneration for me"
«Именно это делает их для меня такими дорогими и достойными почитания»
"these things are like me and that is how I can love them"
«Эти вещи похожи на меня, и поэтому я могу их любить»
"this is a teaching you will laugh about"
«Это учение, над которым вы будете смеяться»
"love, oh Govinda, seems to me to be the most important thing of all"
«Любовь, о Говинда, кажется мне самой важной вещью на свете»
"to thoroughly understand the world may be what great thinkers do"
«Возможно, великие мыслители стремятся досконально понять мир»
"they explain the world and despise it"
«они объясняют мир и презирают его»
"But I'm only interested in being able to love the world"
«Но меня интересует только возможность любить мир»
"I am not interested in despising the world"
«Мне неинтересно презирать мир»
"I don't want to hate the world"
«Я не хочу ненавидеть мир»
"and I don't want the world to hate me"

«и я не хочу, чтобы мир меня ненавидел»
"I want to be able to look upon the world and myself with love"
«Я хочу иметь возможность смотреть на мир и на себя с любовью»
"I want to look upon all beings with admiration"
«Я хочу смотреть на все существа с восхищением»
"I want to have a great respect for everything"
«Я хочу относиться ко всему с большим уважением»
"This I understand," spoke Govinda
«Это я понимаю», — сказал Говинда.
"But this very thing was discovered by the exalted one to be a deception"
«Но именно это и было обнаружено Возвышенным как обман»
"He commands benevolence, clemency, sympathy, tolerance"
«Он велит благосклонность, милосердие, сочувствие, терпимость»
"but he does not command love"
"но он не приказывает любить"
"he forbade us to tie our heart in love to earthly things"
«Он запретил нам привязывать свое сердце любовью к земным вещам»
"I know it, Govinda," said Siddhartha, and his smile shone golden
«Я знаю, Говинда», — сказал Сиддхартха, и его улыбка засияла золотом.
"And behold, with this we are right in the thicket of opinions"
«И вот, с этим мы находимся прямо в дебрях мнений»
"now we are in the dispute about words"
«теперь мы спорим о словах»
"For I cannot deny, my words of love are a contradiction"
«Ибо я не могу отрицать, что мои слова о любви — противоречие»
"they seem to be in contradiction with Gotama's words"

"Кажется, они противоречат словам Готамы"
«Кажется, они противоречат словам Готамы»
"For this very reason, I distrust words so much"
«Именно поэтому я так не доверяю словам»
"because I know this contradiction is a deception"
«потому что я знаю, что это противоречие — обман»
"I know that I am in agreement with Gotama"
«Я знаю, что я согласен с Готамой»
"How could he not know love when he has discovered all elements of human existence"
«Как он мог не знать любви, когда он открыл все элементы человеческого существования»
"he has discovered their transitoriness and their meaninglessness"
«он открыл их бренность и бессмысленность»
"and yet he loved people very much"
«и все же он очень любил людей»
"he used a long, laborious life only to help and teach them!"
«Он использовал свою долгую, трудолюбивую жизнь только для того, чтобы помогать им и учить их!»
"Even with your great teacher, I prefer things over the words"
«Даже с вашим великим учителем я предпочитаю вещи словам»
"I place more importance on his acts and life than on his speeches"
«Я придаю большее значение его действиям и жизни, чем его речам»
"I value the gestures of his hand more than his opinions"
«Я ценю жесты его руки больше, чем его мнения»
"for me there was nothing in his speech and thoughts"
«для меня не было ничего в его речах и мыслях»
"I see his greatness only in his actions and in his life"
«Я вижу его величие только в его действиях и в его жизни»

For a long time, the two old men said nothing
Долгое время два старика молчали.

Then Govinda spoke, while bowing for a farewell
Тогда Говинда заговорил, кланяясь на прощание:
"I thank you, Siddhartha, for telling me some of your thoughts"
«Я благодарю тебя, Сиддхартха, за то, что ты поделился со мной некоторыми своими мыслями».
"These thoughts are partially strange to me"
«Эти мысли мне отчасти странны»
"not all of these thoughts have been instantly understandable to me"
«не все эти мысли были мне сразу понятны»
"This being as it may, I thank you"
«Как бы то ни было, я благодарю вас».
"and I wish you to have calm days"
"И я желаю вам спокойных дней"
But secretly he thought something else to himself
Но втайне он думал о чем-то другом.
"This Siddhartha is a bizarre person"
«Этот Сиддхартха — странный человек»
"he expresses bizarre thoughts"
«он выражает странные мысли»
"his teachings sound foolish"
«Его учения звучат глупо»
"the exalted one's pure teachings sound very different"
«чистые учения возвышенного звучат совсем иначе»
"those teachings are clearer, purer, more comprehensible"
«Эти учения яснее, чище, понятнее»
"there is nothing strange, foolish, or silly in those teachings"
«в этих учениях нет ничего странного, глупого или нелепого»
"But Siddhartha's hands seemed different from his thoughts"
«Но руки Сиддхартхи, казалось, отличались от его мыслей»
"his feet, his eyes, his forehead, his breath"
"его ноги, его глаза, его лоб, его дыхание"

"his smile, his greeting, his walk"
"его улыбка, его приветствие, его походка"
"I haven't met another man like him since Gotama became one with the Nirvana"
«Я не встречал другого подобного человека с тех пор, как Готама стал единым с Нирваной».
"since then I haven't felt the presence of a holy man"
«С тех пор я не чувствовал присутствия святого человека»
"I have only found Siddhartha, who is like this"
«Я нашел только Сиддхартху, который такой»
"his teachings may be strange and his words may sound foolish"
«Его учения могут быть странными, а его слова могут звучать глупо»
"but purity shines out of his gaze and hand"
«но чистота сияет из его взгляда и руки»
"his skin and his hair radiates purity"
«его кожа и волосы излучают чистоту»
"purity shines out of every part of him"
«чистота сияет из каждой его части»
"a calmness, cheerfulness, mildness and holiness shines from him"
«спокойствие, бодрость, кротость и святость исходят от него»
"something which I have seen in no other person"
«то, чего я не видел ни в ком другом»
"I have not seen it since the final death of our exalted teacher"
«Я не видел его с момента окончательной смерти нашего возвышенного учителя»
While Govinda thought like this, there was a conflict in his heart
Пока Говинда думал так, в его сердце произошел конфликт.
he once again bowed to Siddhartha
он еще раз поклонился Сиддхартхе

he felt he was drawn forward by love
он чувствовал, что его влечет вперед любовь
he bowed deeply to him who was calmly sitting
он низко поклонился тому, кто спокойно сидел
"Siddhartha," he spoke, "we have become old men"
«Сиддхартха, — сказал он, — мы стали стариками».
"It is unlikely for one of us to see the other again in this incarnation"
«Маловероятно, что один из нас снова увидит другого в этом воплощении»
"I see, beloved, that you have found peace"
«Я вижу, возлюбленный, что ты обрел покой»
"I confess that I haven't found it"
«Признаюсь, я его не нашел»
"Tell me, oh honourable one, one more word"
«Скажи мне, о почтенный, еще одно слово»
"give me something on my way which I can grasp"
«дай мне что-нибудь на моем пути, за что я смогу ухватиться»
"give me something which I can understand!"
«дайте мне что-нибудь, что я смогу понять!»
"give me something I can take with me on my path"
«дай мне что-нибудь, что я смогу взять с собой в свой путь»
"my path is often hard and dark, Siddhartha"
«Мой путь часто труден и темен, Сиддхартха»
Siddhartha said nothing and looked at him
Сиддхартха ничего не сказал и посмотрел на него.
he looked at him with his ever unchanged, quiet smile
он посмотрел на него с неизменной, тихой улыбкой
Govinda stared at his face with fear
Говинда со страхом уставился на его лицо.
there was yearning and suffering in his eyes
в его глазах была тоска и страдание
the eternal search was visible in his look
вечный поиск был виден в его взгляде
you could see his eternal inability to find

вы могли видеть его вечную неспособность найти
Siddhartha saw it and smiled
Сиддхартха увидел это и улыбнулся.
"Bend down to me!" he whispered quietly in Govinda's ear
«Наклонись ко мне!» — тихо прошептал он на ухо Говинде.
"Like this, and come even closer!"
«Вот так, и подойди еще ближе!»
"Kiss my forehead, Govinda!"
«Поцелуй меня в лоб, Говинда!»
Govinda was astonished, but drawn on by great love and expectation
Говинда был поражен, но его влекла великая любовь и ожидание.
he obeyed his words and bent down closely to him
он послушался его слов и наклонился к нему
and he touched his forehead with his lips
и он коснулся лба губами
when he did this, something miraculous happened to him
когда он это сделал, с ним произошло нечто чудесное
his thoughts were still dwelling on Siddhartha's wondrous words
его мысли все еще были сосредоточены на чудесных словах Сиддхартхи
he was still reluctantly struggling to think away time
он все еще неохотно пытался убить время мыслями
he was still trying to imagine Nirvana and Sansara as one
он все еще пытался представить себе Нирвану и Сансару как единое целое
there was still a certain contempt for the words of his friend
все еще было определенное презрение к словам его друга
those words were still fighting in him
эти слова все еще боролись в нем
those words were still fighting against an immense love and veneration

эти слова все еще боролись с огромной любовью и почтением
and during all these thoughts, something else happened to him
и во время всех этих мыслей с ним произошло что-то еще
He no longer saw the face of his friend Siddhartha
Он больше не видел лица своего друга Сиддхартхи.
instead of Siddhartha's face, he saw other faces
вместо лица Сиддхартхи он увидел другие лица
he saw a long sequence of faces
он увидел длинную череду лиц
he saw a flowing river of faces
он увидел текущую реку лиц
hundreds and thousands of faces, which all came and disappeared
сотни и тысячи лиц, которые все появлялись и исчезали
and yet they all seemed to be there simultaneously
и все же они все, казалось, были там одновременно
they constantly changed and renewed themselves
они постоянно менялись и обновлялись
they were themselves and they were still all Siddhartha's face
они были самими собой и все еще были лицом Сиддхартхи
he saw the face of a fish with an infinitely painfully opened mouth
он увидел морду рыбы с бесконечно болезненно открытым ртом
the face of a dying fish, with fading eyes
лицо умирающей рыбы с потухшими глазами
he saw the face of a new-born child, red and full of wrinkles
он увидел лицо новорожденного ребенка, красное и полное морщин
it was distorted from crying
оно было искажено от плача
he saw the face of a murderer

он увидел лицо убийцы
he saw him plunging a knife into the body of another person
он видел, как тот вонзал нож в тело другого человека
he saw, in the same moment, this criminal in bondage
он увидел в тот же момент этого преступника в неволе
he saw him kneeling before a crowd
он увидел его стоящим на коленях перед толпой
and he saw his head being chopped off by the executioner
и он увидел, как палач отрубил ему голову
he saw the bodies of men and women
он увидел тела мужчин и женщин
they were naked in positions and cramps of frenzied love
они были обнажены в позах и судорогах неистовой любви
he saw corpses stretched out, motionless, cold, void
он увидел распростертые трупы, неподвижные, холодные, пустые
he saw the heads of animals
он увидел головы животных
heads of boars, of crocodiles, and of elephants
головы кабанов, крокодилов и слонов
he saw the heads of bulls and of birds
он увидел головы быков и птиц
he saw gods; Krishna and Agni
он увидел богов; Кришну и Агни
he saw all of these figures and faces in a thousand relationships with one another
он видел все эти фигуры и лица в тысяче взаимоотношений друг с другом
each figure was helping the other
каждая фигура помогала другой
each figure was loving their relationship
каждая фигура любила свои отношения
each figure was hating their relationship, destroying it
каждая фигура ненавидела свои отношения, разрушая их
and each figure was giving re-birth to their relationship

и каждая фигура давала новое рождение их отношениям
each figure was a will to die
каждая фигура была волей к смерти
they were passionately painful confessions of transitoriness
это были страстно-мучительные признания бренности
and yet none of them died, each one only transformed
и все же никто из них не умер, каждый только преобразился
they were always reborn and received more and more new faces
они всегда возрождались и обретали все новые и новые облики
no time passed between the one face and the other
не прошло времени между одним лицом и другим
all of these figures and faces rested
все эти фигуры и лица отдыхали
they flowed and generated themselves
они текли и генерировали себя
they floated along and merged with each other
они плыли и сливались друг с другом
and they were all constantly covered by something thin
и все они постоянно были покрыты чем-то тонким
they had no individuality of their own
у них не было собственной индивидуальности
but yet they were existing
но все же они существовали
they were like a thin glass or ice
они были как тонкое стекло или лед
they were like a transparent skin
они были как прозрачная кожа
they were like a shell or mould or mask of water
они были похожи на оболочку, форму или маску из воды
and this mask was smiling
и эта маска улыбалась
and this mask was Siddhartha's smiling face
и эта маска была улыбающимся лицом Сиддхартхи

the mask which Govinda was touching with his lips
маска, к которой Говинда прикасался губами
And, Govinda saw it like this
И Говинда увидел это так
the smile of the mask
улыбка маски
the smile of oneness above the flowing forms
улыбка единства над текущими формами
the smile of simultaneousness above the thousand births and deaths
улыбка одновременности над тысячью рождений и смертей
the smile of Siddhartha's was precisely the same
улыбка Сиддхартхи была точно такой же
Siddhartha's smile was the same as the quiet smile of Gotama, the Buddha
Улыбка Сиддхартхи была такой же, как спокойная улыбка Готамы, Будды.
it was delicate and impenetrable smile
это была нежная и непроницаемая улыбка
perhaps it was benevolent and mocking, and wise
может быть, это было доброжелательно и насмешливо, и мудро
the thousand-fold smile of Gotama, the Buddha
тысячекратная улыбка Готамы, Будды
as he had seen it himself with great respect a hundred times
как он сам видел это с большим уважением сто раз
Like this, Govinda knew, the perfected ones are smiling
Так, знал Говинда, улыбаются совершенные.
he did not know anymore whether time existed
он больше не знал, существует ли время
he did not know whether the vision had lasted a second or a hundred years
он не знал, длилось ли видение секунду или сто лет
he did not know whether a Siddhartha or a Gotama existed
он не знал, существовал ли Сиддхартха или Готама

he did not know if a me or a you existed
он не знал, существуют ли я и ты
he felt in his as if he had been wounded by a divine arrow
он чувствовал себя так, словно его ранила божественная стрела
the arrow pierced his innermost self
стрела пронзила его сокровенную сущность
the injury of the divine arrow tasted sweet
рана от божественной стрелы была сладкой на вкус
Govinda was enchanted and dissolved in his innermost self
Говинда был очарован и растворился в своей сокровенной сущности.
he stood still for a little while
он постоял немного
he bent over Siddhartha's quiet face, which he had just kissed
он наклонился над спокойным лицом Сиддхартхи, которое он только что поцеловал
the face in which he had just seen the scene of all manifestations
лицо, в котором он только что увидел сцену всех проявлений
the face of all transformations and all existence
лицо всех преобразований и всего существования
the face he was looking at was unchanged
лицо, на которое он смотрел, не изменилось
under its surface, the depth of the thousand folds had closed up again
Под его поверхностью снова сомкнулась глубина тысячи складок.
he smiled silently, quietly, and softly
он молча, тихо и нежно улыбнулся
perhaps he smiled very benevolently and mockingly
возможно, он улыбнулся очень доброжелательно и насмешливо
precisely this was how the exalted one smiled

именно так улыбался возвышенный
Deeply, Govinda bowed to Siddhartha
Говинда низко поклонился Сиддхартхе.
tears he knew nothing of ran down his old face
слезы, о которых он ничего не знал, текли по его старому лицу
his tears burned like a fire of the most intimate love
его слезы горели, как огонь самой сокровенной любви
he felt the humblest veneration in his heart
он чувствовал в своем сердце смиренное благоговение
Deeply, he bowed, touching the ground
Он низко поклонился, коснувшись земли.
he bowed before him who was sitting motionlessly
он поклонился тому, кто сидел неподвижно
his smile reminded him of everything he had ever loved in his life
его улыбка напомнила ему обо всем, что он когда-либо любил в своей жизни.
his smile reminded him of everything in his life that he found valuable and holy
его улыбка напомнила ему обо всем в его жизни, что он считал ценным и святым.

www.tranzlaty.com

www.ingramcontent.com/pod-product-compliance
Lightning Source LLC
Chambersburg PA
CBHW010020130526
44590CB00048B/3828